现代健美操运动技能分析与教学研究

陶李军　李　海◎著

中国纺织出版社

内容提要

本书首先分析了现代健美操运动的基本理论及教学理论，然后分析与研究了不同类型健美操的运动技能及教学实践。具体内容包括：现代健美操运动概述；现代健美操的多学科知识研究与应用、科学教学理论研究；现代健美操教学课程组织与优化；现代健美操的创编教学与音乐解析；健身健美操、竞技健美操与时尚健美操运动的技能分析与教学指导等。总体来看，全书逻辑清晰，结构严谨，内容丰富，图文并茂，理论与实践充分结合，为健美操教学的实施与发展提供了全面的指导与有价值的参考，有利于丰富健美操教学的理论体系，提高健美操教学的科学性、实效性以及学生的健美操运动技能水平，是一本值得学习研究的著作。

图书在版编目（CIP）数据

现代健美操运动技能分析与教学研究 / 陶李军，李海著. -- 北京 ：中国纺织出版社，2018.5

ISBN 978-7-5180-4074-2

Ⅰ.①现… Ⅱ.①陶… ②李… Ⅲ.①健美操－教学研究 Ⅳ.①G831.32

中国版本图书馆 CIP 数据核字(2017)第 231770 号

责任编辑：姚　君　　　　责任印制：储志伟

中国纺织出版社出版发行
地址：北京市朝阳区百子湾东里 A407 号楼　邮政编码：100124
销售电话：010－67004422　传真：010－87155801
http://www.c-textilep.com
E-mail:faxing@e-textilep.com
中国纺织出版社天猫旗舰店
官方微博 http://www.weibo.com/2119887771
北京虎彩文化传播有限公司　　各地新华书店经销
2018 年 5 月第 1 版第 1 次印刷
开本：710×1000　1/16　印张：16.75
字数：217 千字　定价：79.50 元

凡购本书，如有缺页、倒页、脱页，由本社图书营销中心调换

前 言

随着我国学校教育的不断发展,我国学校教育改革也逐步深入,在近年来的学校教育课程改革中,指导思想和内容框架等方面都发生了根本性的变化,素质教育在全国范围内得到了全面与深入的推进。学校体育作为学校教育的重要组成部分,在素质教育中发挥着至关重要的作用。健美操是学校体育教育的重要内容,其在增强学生身体素质、提高学生身体健康水平,调节学生心理状态、提高学生心理素质、塑造健康人格,培养学生的审美能力、创新能力以及学生终身体育意识和能力方面发挥着促进作用。因此,普及健美操运动,使其成为体育教学的主要内容将有利于素质教育目标的实现。需要注意的是,健美操的这些作用与价值的实现都是以学生科学参与健美操教学活动,并在教学中掌握健美操运动技能为前提的。因此,为了科学指导健美操教学的实施,促进学生对健美操运动技能的掌握,特撰写《现代健美操运动技能分析与教学研究》一书,以为健美操运动技能教学工作的开展提供理论与实践的双重指导。

本书内容共有八章,第一章至第五章重点分析现代健美操运动的基本理论及教学理论。第六章至第八章着重分析与研究不同类型健美操的运动技能及教学实践。具体来看,第一章是现代健美操运动概述,阐述了现代健美操运动的起源与发展,分类、特点与价值以及基本术语及其应用。第二章是现代健美操的多学科知识研究与应用,内容包括现代健美操的生理负荷、营养指导与伤病防治。第三章是现代健美操的科学教学理论研究,具体研究了健美操教学的目标、任务与内容,原则与方法及在新时期的改革策略。第四章是现代健美操教学课程组织与优化，主要对现代健美操教学新思想与新理念、教学课程的组织与实施、教学中学生人文素质的培养进行了详细研究。第五章是现代健美操的创编教学与音乐解析，包括健美操创编的要素与依据、原则与方法、音乐与健美操教学的有效互动及健美操音乐的选配与制作。第六章是健身健美操运动技能分析与教学指导，分析了健身健美操的基本动作、组合动作、动作技能形成的教学过程、多类型健身健美操套路教学、健美操运动教学设计与评价。第七章是竞技健美操运动技能分析与教学指导，包括竞技健美操基本动作、难度动作、技法训练、表现力教学、运动队伍培养。第八章是时尚健美操运动技能分析与教学指导，包括健身街舞、爵士健身舞、健身球操、健身绳操等项目。

本书力求做到逻辑清晰，结构严谨，内容丰富，图文并茂，理论与实践结合，为健美操教学的实施与发展提供全面的指导与有价值的参考，丰富健美操教学的理论体系，提高健美操教学的科学性与实效性以及学生的健美操运动技能水平。

本书由湖南理工学院陶李军、李海撰写完成，并由二人统稿。具体分工如下：

第三章，第四章，第六章，第八章：陶李军；

第一章，第二章，第五章，第七章：李海。

本书在撰写过程中借鉴了许多专家、学者的研究成果和观点，在此表示诚挚的谢意。另外，由于时间和精力有限，书中难免有不妥之处，敬请读者谅解并指正。

编　者

2017 年 6 月

目　录

第一章　现代健美操运动概述 ………………………………… 1

　第一节　现代健美操运动的起源与发展 ……………………… 1

　第二节　现代健美操运动的分类、特点与价值 ……………… 10

　第三节　现代健美操运动的基本术语及其应用 ……………… 22

第二章　现代健美操的多学科知识研究与应用 ……………… 35

　第一节　现代健美操的生理负荷 ……………………………… 35

　第二节　现代健美操的营养指导 ……………………………… 44

　第三节　现代健美操的伤病防治 ……………………………… 57

第三章　现代健美操的科学教学理论研究 …………………… 67

　第一节　健美操教学的目标、任务与内容 …………………… 67

　第二节　健美操教学的原则与方法 …………………………… 78

　第三节　新时期健美操教学改革策略 ………………………… 95

第四章　现代健美操教学课程组织与优化 …………………… 99

　第一节　现代健美操教学新思想与新理念 …………………… 99

　第二节　健美操教学课程的组织与实施 ……………………… 102

　第三节　健美操教学中的学生人文素质培养 ………………… 122

第五章　现代健美操的创编教学与音乐解析 ………………… 134

　第一节　健美操创编的要素与依据 …………………………… 134

　第二节　健美操创编的原则与方法 …………………………… 139

第三节 音乐与健美操教学的有效互动 …………………… 154
第四节 健美操音乐的选配与制作 ………………………… 159

第六章 健身健美操运动技能分析与教学指导 ……………… 165
第一节 健身健美操基本动作 …………………………… 165
第二节 健身健美操组合动作 …………………………… 175
第三节 健美操动作技能形成的教学过程 ………………… 181
第四节 多类型健身健美操套路教学 ……………………… 185
第五节 健美操运动教学设计与评价 ……………………… 196

第七章 竞技健美操运动技能分析与教学指导 ……………… 201
第一节 竞技健美操基本动作 …………………………… 201
第二节 竞技健美操难度动作 …………………………… 209
第三节 竞技健美操技法训练 …………………………… 215
第四节 竞技健美操表现力教学 ………………………… 221
第五节 竞技健美操运动队伍培养 ……………………… 225

第八章 时尚健美操运动技能分析与教学指导 ……………… 234
第一节 健身街舞 ……………………………………… 234
第二节 爵士健身舞 …………………………………… 244
第三节 健身球操 ……………………………………… 250
第四节 健身绳操 ……………………………………… 257

参考文献 ………………………………………………… 261

第一章　现代健美操运动概述

随着现代健美操运动的发展，这项热情洋溢、活力四射的运动逐渐进入大众的生活，特别是最近几年随着人们健康意识的增强，富有魅力的健美操运动在我国蓬勃开展起来，很多人都选择参与健美操运动来增进健康。本章将从健美操运动的起源和发展情况、健美操运动的分类、特点和价值，以及健美操运动的基本术语和应用进行详细阐述，以期使人们对现代健美操运动有一个清晰的认识。

第一节　现代健美操运动的起源与发展

一、国际健美操的起源与发展

（一）国际健美操的起源

国际健美操的起源可以追溯到两千年前的古希腊，那时的人们就已经开始了对人体美的追求，在他们看来，人体健美是最庄重、最和谐、最完美的。他们主要是通过投掷、跑跳、健美操、柔软体操等体育项目进行锻炼，他们提出了“体操锻炼身体，音乐陶冶精神”的主张，不断进行对人体美的追求。

在古印度，人们通过将呼吸、意念、姿势紧密结合起来，来进行调息、调心，从而对身体进行自我调节，从而达到身心健康，延年益寿的目的。站立、跪、坐、卧、弓步等是瑜伽健身术中最基本的姿势，这些动作与现代健美操中的基本姿势非常相似。古代人对健康美的追求，以及将体操与音乐的结合主张，为现代健美操的发展打下了坚实的基础。

进入文艺复兴时期以后，那些被遗忘的古希腊和古罗马的文化重新受到重视，对人体美的追求逐渐又成为一种社会潮流。古希腊的体操被很多教育家看作是对人体进行健美的最为完整的体育系统，于是体操运动快速开始发展。1569 年，意大利医生墨库里奥斯出版了六卷《体操艺术》等著作，对体操动作的各种形式进行了详细描述。德国著名体育活动家艾泽伦在 18 世纪开设了培训体育师资的课程，并创造出了吊环和哑铃等运动。以上这些锻炼形式都是现代健美操的起源。

作为第一个将音乐与体操相结合的人，德国人斯皮斯将体操从社会引到学校，并为体操动作配上音乐，在音乐的节奏中去完成各种体操动作。丹麦体操家布克创造了“基本体操”，他把体操动作分成若干类，并编成适合不同性别、不同年龄的各种体操。弗朗索瓦·特尔沙特(1811—1871)赋予体操动作两个新特征：美感和富于表情。瑞士教育家雅克克尔克罗兹对一种将音乐伴奏和肌肉活动相结合的音乐体操进行了设计。瑞典体操学派创始人佩尔·亨里克·林根据体操练习的功能将体操分为教育、军事、医疗和美学四大类，这些理论也为现代健美操的理论和实践打下了良好的理论基础。

现代健美操运动起源于 20 世纪 60 年代初，1968 年，美国太空总署医学博士库珀(Cooper)，通过创编体能训练动作，并在其中加入音乐和特殊器材，为航天员制定了体能训练计划。这种运动独特而新颖，很快风靡世界。1969 年，杰姬·索伦森将现代舞与体操相结合，创编了富有娱乐性，简单易学的健美操运动。至此，现代健美操运动正式诞生。

（二）国际健美操的发展

1.发展历程

简·方达是健美操发展史上一个不得不提的重要人物，作为现代健美操运动的发起人之一，她根据自己通过健美操运动获得健康，以及健美外形的成功经历和实践经验，撰写了《简·方达健美操》一书，此书在美国出版后，一直畅销不衰，并相继被编译成20多种文字在世界30多个国家发行。这本书的出版和发行在世界范围内掀起了学习健美操的热潮。

1984年，美国参与各种形式健美操练习的人就有7万之多，在舞蹈、体操和健美操方面的活动经费每年就已达到了2.4亿美元。美国的健身健美操快速发展。此外，1985年，第一届阿洛别克（Aerobic）健美操比赛在美国举办，这标志着竞技健美操也开始发展起来。美国在不断举行着各种健美操比赛，为世界健美操比赛的发展做出了卓越的贡献。

健美操传入欧洲之后，迅速得到普及与推广，在当时的法国就有400万人参与健美操运动，并且人数也在不断上升，仅仅在巴黎就建成了1 000个健美操中心，法国的健美操节目是最受欢迎的节目之一。在意大利罗马，有40处的健美操场所，每天都有很多人来这里跳操。而当时的苏联，更是将健美操列入学校体育教学大纲中，并为指导教师，多次开展教练员培训班。

健美操运动在亚洲同样得到了快速发展。日本是健美操开展较好的国家，将竞技性健美操和健身性健美操有机地结合到了一起，吸引了很多人参与到健美操运动中来，而且国际上最大的健美操组织，国际健美操联合会（IAF）总部也设在日本。与此同时，在韩国、新加坡、中国香港以及东南亚各国和地区，健美操运动也得到了快速的发展。

2.国际健美操组织

随着健美操运动的普及和发展，出现了国际性的健美操组织，为提高健美操的运动技术水平，进一步发展健美操运动提供了很好的帮助。目前的国际健美操组织主要包括以下几个。

(1)国际体操联合会

1994 年，国际体操联合会成立了竞技健美操分会，并于 1995 年在法国巴黎举办第一届世界健美操锦标赛，并且每年举办一次，一直持续到了 2000 年。之后，该项赛事改为每两年举办一次，到目前为止已经举办了 14 届(表 1-1)。世界健美操锦标赛是目前最高规格的世界性健美操比赛，成为很多运动员展现自己的梦想舞台。

表 1-1 历届世界健美操锦标赛一览

年份	届数	地点
1995	第 1 届	巴黎
1996	第 2 届	海牙
1997	第 3 届	伯斯
1998	第 4 届	卡塔尼亚
1999	第 5 届	汉诺威
2000	第 6 届	里扎
2002	第 7 届	克莱佩达
2004	第 8 届	索菲亚
2006	第 9 届	南京
2008	第 10 届	乌尔姆
2010	第 11 届	罗德兹
2012	第 12 届	索菲亚
2014	第 13 届	坎昆
2016	第 14 届	仁川

(2)国际健美操联合会(IAF)

成立于 1983 年，总部设在日本，有会员国近 30 个，1990 年举办了首届健美操世界杯赛，并且每年举办健美操世界杯赛。健美操世界杯赛是仅次于健美操世锦赛的大型赛事，也受到了很多的关注。

(3)国际健美操冠军联合会(ANAC)

成立于1983年,起初是美国国家健美操冠军联合会,后来随着健美操的发展,越来越多的会员国寻求加入,从而逐渐成为国际健美操冠军联合会。每年都举办世界健美操冠军赛,2017年的比赛于菲尼克斯举行。

以上国际组织的建立,对推广和发展健美操运动起到了非常关键的作用,极大地促进了健美操运动的发展,使健美操运动的影响力越来越广泛。

二、我国健美操的起源与发展

(一)健美操在我国的起源

自从20世纪80年代,健美操热在全世界传播起来以后,我国也出现了相应的健美操热。1984年,北京体育大学成立了健美操教研室,并于1985年创编并推广了以"青年韵律操"为代表的六套健美操,随之受到广大青年的喜爱。1986年,由北京体育大学编写的第一部《健美操试用教材》出版,并正式在北京体育大学本科生中开设了健美操选修课。随后,健美操成为一项重要的体育教学内容在全国高等院校中开展起来。

(二)健美操在我国的发展

1.发展历程

1986年4月6日在广州举办了首届"全国女子健美操邀请赛"。共有8省市9支代表队参加集体6人和个人两项比赛。这次邀请赛开创了我国竞技健美操的新路,探索了我国竞技健美操的比赛方法,展示了我国健美操的发展成果。

1987年我国成立了第一家健美操健身中心——利生健康城,

并将健美操运动推广给广大人民群众，人们也被这种新颖的锻炼方式和良好的健身效果所吸引。1987 年 5 月，由康华健美康复研究所、北京体育学院、中央电视台等单位联合举办了我国首届“长城杯”健美操大赛。除了在国内举行一些健美操比赛外，我国也开始参加一些国际上的健美操赛事。1995 年，我国首次派队参加了在法国举行的第一届世界健美操锦标赛。1998 年，健美操协会划归国家体育总局体操中心，为我国健美操的发展插上了翅膀，有了组织和经费的保障，发展变得更加顺畅。同年，我国组队参加了在日本举行的世界杯赛，以及在意大利举行的第四届世界锦标赛、在美国举行的 ANAC 世界健美操冠军赛，虽然成绩不理想，但是向世界展现了我国健美操的风采。

2006 年 6 月在南京举行的第九届世界健美操锦标赛上，中国运动员敖金平获得男子单人操冠军，实现了中国队在世锦赛上金牌零的突破。在随后的健美操世界大赛中，中国队都能取得一些金牌和优异的成绩。2016 年，中国健美操队在仁川举行的世界锦标赛上获得 2 金 3 银 1 铜的优异成绩，其中的团体冠军来之不易，完成了中国健美操人的多年夙愿。

此外，我国每年都会举办全国健美操锦标赛、全国健美操联赛、全国健美操冠军赛等赛事，这些赛事的举办也促进了我国健美操的发展。

值得一提的是，随着我国全民健身的推进，2012 年开始在我国大部分省市火热开展的全民健身操舞大赛，参与者从 5 岁到 70 岁都有，覆盖的年龄段非常广，极大地促进了我国健身操的发展，每年吸引近十万人参与，也为健美操的后备人才培养提供了一定的选择。健身健美操正在我国各地蓬勃发展起来。

2.健美操全国组织

(1)中国健美操协会(CAA)

中国健美操协会成立于 1992 年，是中国奥林匹克委员会承认的唯一的全国性健美操运动协会，是代表中国参加国际体操联合会及相应的国际健美操活动的唯一合法组织。1997年划归国家体育总局体操运动管理中心统一进行管理。是组织我国竞技健美操比赛的官方协会,指导和促进我国健美操技术的发展和完善。

(2)中国大学生健美操艺术体操协会(CSARA)

该协会成立于1992年,隶属于中国教育部,致力于中国学校健美操、艺术体操、啦啦操等项目的推广普及。主要是在大学生群体中推广和开展健美操、艺术体操等项目,促进大学生身心健康发展,每年举办相应的比赛,具有一定的影响力。

三、现代健美操运动的发展趋势

健美操运动可以分为健身健美操和竞技健美操,下面将分别阐述。

(一)健身健美操

健身健美操已经成为人们强身健体、娱乐身心的一项重要体育运动,其呈现出以下发展趋势。

1.科学化水平不断提高

随着人们对健康的不断关注,人们对健身健美操锻炼的科学性也要求越来越高,为了达到理想的锻炼效果,健身者在选择练习内容、运动负荷、练习场地、锻炼时间等条件时,应保证练习的科学性和合理性,最好练习前进行体质测试,从而了解自身的身体状况,选择适合自身的最佳心率范围和科学有效的运动处方,避免因锻炼的内容不合理、练习方法不科学、练习时间不当而导致达不到理想的锻炼效果,甚至造成运动损伤。因此,只有不断提高练习的科学性,才能使健身健美操真正达到强身健体、娱乐身心的锻炼目的。

2.种类和形式不断增多

随着人们对健身操认识的不断增加,也越来越追求健身操的种类和形式。发展到今天,健身健美操已从传统的有氧健身操向着多样化和个性化发展,出现了有氧搏击操、瑜伽健美操、健身街舞等种类。近年来,器械健美操、水中有氧健美操也快速发展。这些多样化的健美操种类满足了不同年龄、性别、健康水平和身体状况人群的需要。

3.市场化趋势明显

随着人们对健康的关注,健身意识的增强,体育在人们生活中的地位越来越重要,而健身健美操是一项非常实用的健身运动,以其独特的魅力,受到很多人的追捧。在全民健身和全民健康的国家政策背景下,在人们健康需求不断提升下,健身健美操的市场发展前景非常广阔,趋势明显。这几年来,在我国举办的各式各类健美操比赛数不胜数,最具代表性的是全国健身操舞大赛,这项赛事不仅推动了健身健美操的发展,而且带动了举办地的经济和社会发展,受到了一些企业的赞助和支持,呈现出明显的市场化趋势。随着健美操运动的进一步发展,将会需要更多的市场化推广手段。

(二)竞技健美操

竞技健美操是技术要求较高的运动项目。对竞技健美操运动员来说,其成绩的评价,主要从运动员所完成动作的难度、艺术性、准确性等因素来进行评判。从这些角度讲,竞技健美操运动的发展趋势主要表现为以下几点。

1.更追求技术的完美

随着竞技健美操的发展和健美操竞赛规则的不断完善,竞技健美操运动员的动作技术和竞技水平呈现出更加完美的发展趋势。健美操竞赛规则对运动员动作技术的完成质量提出了更高的要求，运动员在完成动作时，尽量不要失误。要求运动员具备精湛的技术、良好的体能、优美的身体姿态和最佳的艺术表现，最终完美地表现出成套动作，否则将被完成裁判员从10分的完成分中扣分。因此，竞技健美操教练和运动员必须具备精通的技术和技能水平，动作的完美完成是运动员技术和竞技水平的具体体现，是取得优异成绩的根本。

2.更注重动作的艺术性

随着竞技健美操的不断发展，对于动作艺术性的追求成为竞技健美操的发展趋势。在竞技健美操裁判员的评分中，艺术性是其中考量的一个重要环节，其主要表现为在竞技健美操运动员完成难度动作相同的情况下，运动员艺术分的高低决定比赛的名次。而裁判对竞技健美操运动员所完成的成套动作的艺术性的评判，主要是从成套动作编排的艺术效果、音乐选择以及音乐与动作的结合程度来进行综合评价的。在各国运动员不断提升动作难度的情况下，艺术性成为判断的重要标准，因此，运动员在提高自己技术的同时，应该在训练过程中不断提高自己的艺术修养。

3.动作难度的多样化

近年来，竞技健美操的动作难度呈现出多样化的发展趋势。随着国际健美操竞赛规则对难度动作进行重新分类和确定分值，难度动作被分为4大类别10个组别，难度动作分值分为0.1～1.0分，包括预期的难度动作。在全面提高竞技健美操运动的难度动作的分值、降低其难度动作技术完成的标准和减少难度动作数量的同时，对超过12个难度动作、超过6次地面动作、超过2次俯撑落地以及难度动作重复、难度动作缺类等都要减分。由此可以看出，竞技健美操运动的难度动作的选择将逐渐呈现出多样化的发展趋势。

在竞技健美操比赛中，难度动作是充分展现竞技健美操运动员技术水平的主要标准，在健美操规则中难度分是唯一没有上限的分数，因此也是影响竞技健美操运动员取得优异成绩的最关键的因素。竞技健美操运动员只要能够达到健美操规则中要求的难度动作的最低完成限度，该部分难度都将直接获得难度分值并计入总成绩。因此，这就要求竞技健美操运动员必须在规定的12个难度动作中选择自身能力范围内能够完成的高分值的难度动作，以获取较高的难度分，从而取得优异的比赛成绩。

4.更加注重创新性

体育比赛的魅力就在于运动员的创新表现，具有创新能力的运动员往往在场上能发挥出惊艳的比赛水平。健美操也是一项注重创新的运动项目。在健美操比赛中，对竞技难度和艺术性的追求，需要不断地进行创新。在健美操竞赛新规则中，创造性在成套动作中占2分，明确要求成套动作必须要有创造性。而对全套动作的编排、连接以及空间的使用和转化的流畅性等要求都成为竞技健美操创新性的具体表现。竞技健美操运动的创新，要求成套动作的编排要具有新颖的特点，并能够充分展现出运动员的思想特点和艺术内涵，此外，也可以对规则进行一定的创新，使比赛更具观赏性。只有具有一定的创新性，才能不断推动竞技健美操运动的发展。

第二节　现代健美操运动的分类、特点与价值

一、健美操运动的分类

目前健美操运动的种类繁多，根据其目的可以分成健身性健美操、竞技性健美操和表演性健美操三类，根据其练习形式可以

分成徒手健美操、器械健美操,这里主要对以上两种分类进行详细阐述。

(一)根据练习目的分类

1.健身性健美操

健身性健美操,也称大众健美操,在音乐的伴奏下,节奏鲜明,轻松愉快,主要以促进身心健康为目的,非常受大众群体的喜欢。健美操的练习形式分为热身部分、有氧练习部分、形体练习和放松部分等几大块。根据不同的分类标准将健身性健美操分为以下几种。

(1)按年龄划分

由于不同年龄阶段的人在生理、体能、心理等方面的特征都不相同,将健身性健美操分为老年健美操、中年健美操、青年健美操、少儿健美操、幼儿健美操等。

(2)按人数划分

按照人数主要划分为单人、双人、三人、六人和集体健美操。集体健美操在练习时,除了包括个人平时锻炼的动作外,往往要和团队进行动作组合,需要默契的配合。

(3)按动作风格划分

按照动作风格划分为搏击健美操、拉丁健美操、舞蹈健美操、仿生健美操等。不同动作风格的健美操,是在传统健美操的基础上融入了其他运动项目的元素。例如,拉丁健美操中,就是结合了恰恰、斗牛、伦巴、桑巴等各种拉丁舞的元素,再结合现代健美操的基本步伐,使其动作更加丰富和时尚。

2.竞技性健美操

竞技性健美操是根据健美操竞赛规程的要求,创编出具有较高艺术性、展示运动员高水平技术能力的成套动作,以取得优异成绩为主要目的的竞技运动。裁判员在规定的时间内,根据其动作组合的步伐、难度、艺术性、完成情况等各种因素评分。对各项参赛人数、比赛场地、参赛服装和成套动作的时间等都做了严格的规定,以保证比赛的规范性、公正性和客观性。竞技性健美操只适合于竞技运动员参加,不适宜大众群体,但竞技健美操可以吸引大众群体的关注,扩大竞技健美操的影响力。

3.表演性健美操

表演性健美操,主要是指那些在各种节日、各种体育赛事以及一些庆典和宣传活动中进行的健美操活动。对表演性健美操来说,主要是通过表演来展示健美操的特点和活力,让观众感受到健美操愉悦身心、陶冶情操的功能,从而起到宣传和推广健美操的作用。

(二)根据练习形式分类

根据练习形式的不同,可以将健美操分为徒手健美操、器械健美操两个类别。

1.徒手健美操

(1)有氧健身操

有氧健身操是健美操的精髓,也是大众最容易掌握的健美操种类。它主要是在音乐的伴奏下,在有氧状态下,以各种操化动作为基础,完成舞蹈、技巧、托举等动作组合而成的成套动作,以达到健身、健美和健心目的的运动项目,比较受大众的欢迎。

(2)拉丁健美操

拉丁健美操是在有氧健身操的动作基础上,加上拉丁舞蹈的动作和步伐,在激情、狂热的拉丁音乐中,展示自己的动作和身体,富有激情。

(3)爵士健美操

由原本热情、奔放的爵士舞,吸收芭蕾、现代舞、拉丁舞等有氧舞蹈元素和技巧改编而成的。主要以送胯、扭腰、身体呈波浪形扭动为主。

(4)搏击健美操

搏击健美操是由欧洲的搏击选手和职业健身操运动员推出的,集合了拳击、跆拳道、散打、太极等搏击运动的基本动作,配合强劲的音乐,成为一种风格独特的健美操。

2.器械健美操

(1)哑铃操

哑铃操是在徒手健美操的基础上,手持哑铃进行身体练习的一种练习方式。对肌肉的力量、关节的柔韧性、灵活性等具有一定的增强作用。

(2)健身球操

健身球操主要是利用健身球的不稳定性,通过持球或在球上做动作,来锻炼人的平衡性、柔韧性等素质,可以塑造人的形体,形成一定的曲线美。

(3)橡皮筋操

橡皮筋操是在橡皮筋弹力的帮助下,利用橡皮筋的拉伸和反弹动作来进行锻炼,有助于改变人的外形,最大的特点是简便易行,可在任何场所进行。

(4)踏板操

踏板操是利用一块高度可调整的踏板进行的时尚有氧运动,通过上下运动,完成在踏板上的各种动作,从而增强人的心肺功能和协调性。

(5)垫上操

垫上操是人体在垫上进行的各种形式的健身操,由于是在垫上进行,最大限度地减少了人体重量对关节的压力,有针对性地对身体各个部位的肌肉进行专门化练习,提高了肌肉的柔韧性和力量。

二、健美操运动的特点

（一）健身健美操的特点

1.广泛的适用性

健身健美操的形式多样，不同年龄段、不同性别、不同身体素质的人都可以参与其中，都能从健身健美操的练习中找到乐趣，并强健身心。此外，健美操锻炼对场地和器材的要求不高，适合在不同地区，在不同人群中开展。从我国正在火热进行的全国健身操舞大赛就可以看出，健美操具有广泛的适用性。

2.较强的节奏性

有节奏的活动能使人身体的协调达到最适宜的程度。音乐中音调的高低、长短、强弱、快慢等有节奏的变化，使健身健美操更具有律动感。健身健美操的音乐具有鲜明的节奏感和韵律感，动感强烈，旋律清晰，活动轻快，情绪激奋，能够振奋练习者的精神，使人产生跃跃欲试的动感。练习者喜欢健美操的原因，大部分是因为健美操带来的节奏感和韵律感上的体验。因此，节奏性是健美操最大的特点。

3.全面的协调性

健身健美操最大的特点就是其对全身各个身体部位的健身价值都很大，具有较高的协调性。在做健美操时，需要动用全身的肌肉，需要身体各个部位协调配合，从而促进锻炼者全身的协调发展。

（二）竞技健美操的特点

竞技健美操除了具有健身健美操的一般特点之外，还具有自身独特的特点。竞技健美操的供能方式是有氧和无氧代谢的结合，但以无氧代谢为主，它具有运动强度大，运动时间短，技术复杂等特点，且追求动作的全面性、准确性、艺术性和创新性，强调合理流畅的编排。因此，竞技健美操在人的体能、技术、心理等方面提出了更高的要求。

1.较高的技能性

竞技健美操的成套动作必须在1分40秒～1分50秒内，向裁判和观众展示复杂的动作组合，并要求所有动作高质量地完成。因此，需要健美操运动员具有超高的技能。高难度是当今竞技健美操发展的趋势，此外，健美操竞赛中以运动员所完成动作的难度、新颖、稳定、优美等因素判定其技能水平的高低，运动员必须处处表现出“健、力、美”的项目特征，因此，健美操运动具有较高的技能性。

2.动作编排的创新性

竞技健美操在编排上强调合理性、流畅性、富于艺术感染力，在动作设计上要求多样化。健美操除了有自身的动作特征之外，而且还从相关的运动项目和艺术种类中吸收了一些动作，经过加工、提炼、操化，使之具有健美操的风格。通过动作组合形式的变换，不断创新，形成丰富多彩的新动作。随着健美操运动的不断向前发展，在原有技术动作的基础上创编出了许多独特新颖的健美操动作，成为健美操运动不断发展的动力源泉，也是健美操运动的魅力所在。

3.显著的审美性

竞技健美操是融体操、舞蹈、音乐于一体，追求人体高强度运动能力和动作的完成，并将体育与艺术高度结合的运动项目，故表现出高度的审美性。而且，健美操动作的协调、流畅以及与音乐的完美结合，使练习者在不断提高身体素质的同时得到“美”的享受和艺术的熏陶。竞技健美操追求造型美，动作美观大方、准确到位，并具有姿态美、音乐美、服饰美、精神美。健美操运动可使人体匀称协调地发展，培养出健美的体形。体态美是健美操给人特有的感受。因此，“以人体为对象，运用自己的力量把自身作为对象，实现自我塑造”，这是健身健美操不同于其他运动项目的一个显著特点。

竞技健美操既注意外在美的锻炼，又强调内在美的培养，人体运动是受主观意识指挥的一种精神作用的外在表现，所以人体能在运动中体现出思想、意志、道德、情操、情感、作风、气质等内在美。竞技健美操，表现出显著的审美性特点。

三、健美操运动的价值

（一）健美操运动的生理价值

1.提高心血管系统机能水平

坚持参加健美操运动能使心肌肌红蛋白的含量增加，组织代谢加强，供血量增加，使心肌纤维变粗，搏动有力。由于心壁增厚，心腔增大，心脏收缩力提高，心容量增大。正常人的心容量为765～785 毫升，而经常参加健美操运动的人，其心容量可达到1 015～1 027 毫升，每搏输出量和每分输出量也都有增加。参加健美操运动还可以增强血管壁的弹性，使血液流通的外周阻力减小。安静时，收缩压可降低到 85～105 毫米汞柱，舒张压可降低到 40～60 毫米汞柱。同时，从事健美操运动的人肌肉活动状态良好，收缩有力，收缩与放松呈有节奏、有规律的转换，使静脉血液回流速度加快，回流量增多。总之，参加健美操运动可以提高心血管系统的机能水平。

2.促进呼吸系统水平的提高

在健美操运动过程中，肌肉会进行较为剧烈的运动，使得机体对氧气的消耗量增大，同时组织内也产生大量的二氧化碳，促使呼吸系统必须加倍工作以适应机体活动的需要。因而人体呼吸频率加快，呼吸次数增加，深度加深，胸廓活动度加大。尤其是在大负荷练习时，呼吸次数可增至 40～50 次/分钟，每次吸入空气量达 2 500 毫升，为安静时的 5 倍。与此同时，伴随着运动者在健美操运动中需氧量的不断增加，肺泡也必须最大限度地参与气体的交换，这对肺泡的生长发育及弹性的改善均十分有益。经常参加健美操运动的人，其胸围一般要比同年龄人大 3～5 厘米。而随着健美操运动的不断深入，机体呼吸的深度会增大，相对的呼吸频率会减小，而由于呼吸肌的力量增强，肺泡弹性增大，肺活量、肺通气量指标明显增大。例如，一般男子肺活量为 3 500 毫升左右，女子的肺活量为 2 500 毫升左右。安静时人的一般呼吸频率为 12～16 次/分钟，肺通气量为 6～8 升，而经常参加健美操运动的人呼吸频率仅为 8～12 次/分钟，就可达到同样的肺通气量。健美操运动可以提高呼吸系统的水平。

3.促进神经系统的改善

长时期坚持参与健美操运动能够有效提高大脑皮层神经细胞的耐受性，提高机体神经系统的反应能力和灵活性。健美操运动中，运动员所有动作中的力量、速度、耐力、协调性，都是在大脑中枢神经系统的支配调节下完成的。参加健美操运动，能够增强参与者中枢神经系统的兴奋性，改善神经传导过程的灵活性，提高大脑皮层兴奋与抑制的转换能力。在健美操运动过程中，要求神经系统能迅速动员和调节各器官、系统的机能，使之适应肌肉活动的需要。而健美操开放式的练习环境，加上音乐的刺激使机体的应激能力经受了锻炼，神经系统的兴奋、抑制的交替转换过程得以加强，神经系统对全身各系统的迅速调节能力得到改善，反应速度及灵活性的提高，使人体的动作更加协调和准确。

4.促进机体的生长发育

长期坚持进行健美操运动能够帮助学生塑造出健美的体形，

还可以矫正身体的畸形发展。肌肉的健美是反映人体体形、体态美的重要因素。健美操中的各种动作，都是采用不同的负荷，有目的、有计划地对肌肉进行刺激，它能给身体相应部位的生长发育和发展施以巨大的影响，促使骨骼生长和肌肉发展。系统、科学地健美操锻炼，能发展先天的优点，克服和弥补先天的不足，使体形达到匀称、健美，使体态变得端庄、大方、优美。

此外，由于健美操的许多动作方法，都是根据人体生理结构的特点而设计的，它能够给予身体特殊的康复和治疗。所以，对于一些有身体畸形或缺陷的青少年，如“鸡胸、局部肌肉萎缩、肌力衰退”等，都可以选择适当的体育运动，来进行矫正锻炼。例如，有“鸡胸”和“含胸”的人，可采用仰卧推举、“飞鸟”和其他扩大胸腔、增强胸大肌的动作，经过一段时间的锻炼后，胸廓会变得挺拔，胸部肌肉会丰满结实起来。有肩膀狭窄、肩胛下垂而显得不够健美的人，则可以练些前平举、侧平举和颈后举的动作，使肩部的三角肌和斜方肌发达起来，从而改变肩部的缺陷。健美操运动中，包含着这些动作，因此，通过一些健美操的运动，可以促进机体的正常生长发育。

（二）健美操运动的心理价值

1.提高大脑的思维能力

经常参加健美操运动的人，其大脑重量和大脑皮层的厚度都会增加，为智力发展提供了良好的物质基础。同时健美操运动可以有效地消除疲劳，提高大脑的学习效率。持续紧张的学习压力和工作压力极易造成身心疲劳和神经衰弱，健美操运动能够使不同的中枢神经得到休息，从而使大脑重新焕发活力，增强其思维能力。

2.增强人的意志品质

对于从未接触过健美操运动的人来说，初学时会遇到许多困难，如完成动作不准确、不协调等，参与者要想学好健美操，必须咬紧牙关，努力克服各种困难，比如运动后的肌肉酸痛，练习时的不断失败等，这些都会磨炼人的意志品质。因此，参与健美操运动，并不断挑战自己的运动技能，可以增强人的意志品质。

3.提高人的创造力

健美操运动，是一项需要一定创新能力的运动。在参与的过程中，要编排一些具有创新性的动作，才能吸引观众和裁判的眼球，才能取得优异的成绩。此外，在健美操的比赛中，也需要场上的随机应变和创新性发挥，才能提高自己的潜能，取得优异的成绩。

4.增强人的自信心

通过长期练习健美操，可以使人形成形态优美，气质外漏的良好状态，从而提高了人的整体气质。这对于增强人的自信心，具有很大的帮助作用。特别是对于青年大学生来说，更是如此，健康阳光的外在形象，总会带来更多的关注目光，从而提高了自己的自尊心，增强了自信心。

（三）增强人的社会适应能力

1.培养竞争意识和抗挫折能力

现代社会是竞争激烈的社会，人要想在这个社会上立足，必须具备强烈的竞争意识，具备一定的竞争能力。健美操比赛是竞争激烈的比赛，只要站在健美操的比赛场上，就必须用实力来说话。在比赛中，强者就是胜者，弱者就会被淘汰，这就是实力的竞争，是对努力和付出的检验。一切用实力说话，这也是健美操比赛给我们带来的一个重要启示。无论什么竞争，都要以实力来体现。

因此，每一位健美操参与者都将懂得比赛的结果源自强大的实力，而强大的实力只有通过艰苦的努力才能获得。而只要是比赛就会有输赢，健美操运动还可以有效锻炼人们抗挫折能力。健美操运动大到长期的训练计划，小到每一次训练课，无不以追逐美好为目的，无不以每一次的成功喜悦或每一次的失败沮丧而告终。健美操运动的残酷性往往表现在你的成功只能是相对的、暂时的，成功只是起点，挫折和失败又将纷至沓来，只要你追求不已，挫折和失败就会永无止境。只有经历了酸、甜、苦、辣，才能获得成功的喜悦。这“挫折—奋斗—成功—再挫折—再奋斗”，如同每一个成功者永不停息奋斗的人生一样，折射着人生的喜怒哀乐。所以，参与健美操运动，可以培养人的竞争意识和抗挫折能力。

2.提高人际交往能力

首先，健美操运动可以提高人的沟通能力，由于健美操运动的特殊性，每一个参与者起初时，都是在教练的讲解示范、伙伴的真诚互助和自我的努力拼搏中进行的。因此，与教练和同伴的每一次沟通，比赛场上队友间的相互保护，训练场上的相互协作，都需要不断沟通。这种沟通不仅具有直观性、及时性和准确性，而且也是主动性沟通。所以，经常参与健美操运动可以有效提高人的沟通能力。

其次，健美操运动还可以提高人对身体语言的理解和使用能力。良好的身体语言可以有效促进沟通的进行，也是社交过程中必须具备的能力。我们可以从身体的不同姿势所代表的含义去理解对方的寓意，也可以通过身体语言向对方表达自己内心真实的感情。缺少了身体语言的理解与使用，我们不仅有可能对对方的身体语言置若罔闻，使信息发出者得不到应有的反馈信息，失去应有的联系，而且别人也无法从你身上找到任何信息的表达，使人感觉到你是一个感情淡漠、不易接近的人。而在健美操运动中，需要参与者通过丰富的肢体动作来不断赋予其丰富的艺术表现。比如，锻炼者用优美的词句把一些健美操动作赞美成“飞鸟”

“托举”等。这些都需要身体语言的准确表达，也需要队友间在身体语言上的沟通和理解。因此，健美操运动完全可以提高人的人际交往能力。

3.培养团队协作精神

现代社会，分工更加精细化，每一项工作的完成，都需要团队间的紧密协作。因此，培养大学生的团队协作精神尤为必要。健美操运动的两人或团体项目，需要两个人或全体运动员的紧密协作和通力配合，才能完成规定的相关动作，在这个过程中，需要团队成员的共同努力，需要队员舍弃自身的一些东西，为达到团队的目标而努力，从而培养每个参与者的团队协作能力。

4.提高人的审美能力

健美操运动是一项富有体形美、动感美、韵律美的运动项目，通过参加健美操运动，可以提高人欣赏美的能力。现代社会对人的综合素质要求越来越高，德智体美必须全面发展，而健美操运动是一项很好的美育教育手段，中小学和高校可以通过开展健美操运动，提高学生们的审美能力，成为一名全面发展的高素质人才。

5.提高人的情商

现代社会不仅仅对人的智商进行了一定的要求，而且对情商也有一定的要求。情商的高低是一个人成功的重要因素，而通过参加健美操运动，可以磨炼人的意志，促进人形成良好的习惯，并形成良好的性格，这些都有助于提高人的情商，从而促进人的全面发展。

6.促进形成良好的生活方式

随着现代社会的不断发展，人们的物质生活已经得到了很大的满足，由此也带来了一些不健康的生活方式，给人们的健康带来了一些危害。而参与运动,可以促进人们形成良好的生活方式,促进身心健康。健美操运动,作为一项深受大众喜欢的运动项目,很自然地充当了这个角色。健美操运动能够促使人们工作和生活中产生的疲劳得到一定程度的缓解。健美操运动以其独特的实践性,通过肢体的运动来转移神经系统的疲劳状态,缓解精神的过度紧张。在健美操运动中,运动者心理、生理都得到改善,还掌握了多种类、多节奏的运动方式,这有利于他们在完成各种生产、生活过程中,做到准确、协调、敏捷,避免多余动作出现。健美操锻炼了人体的神经系统、心血管系统、呼吸系统,提高了人体对快速节奏生活的应变能力和耐久能力,帮助人们克服对快节奏生活的抵触、恐惧和焦虑等心理障碍,避免身心紧张。同时,健美操运动还丰富了人们的闲暇活动内容,人们在余暇时间里进行健美操锻炼,可使疲劳的身体得到积极的休息,使人们精力充沛地再投入工作和学习中。健美操运动可以使人们形成健康的生活方式,促进人们积极健康地生活。

总之,健美操运动可以增强人的社会适应能力,提高人的社会参与性,促进人在社会里积极健康地发展。

第三节　现代健美操运动的基本术语及其应用

一、健美操基本术语的概念

各门学科的专门用语,即术语。健美操术语是描述健美操动作的专门用语,用来表达健美操动作名称以及描述动作、技术过程的专门用语和专有词汇。健美操运动源于国外,所以常见的健美操动作术语有转意词和音译词,根据本国特色,为了符合“准确、简练、易懂”的要求,尽量与国际惯例保持一致。健美操语言主要包括以下几种。

(1)讲解性语言

讲解性语言明确、扼要、有的放矢。在讲解动作过程中,语言要准确、精练、生动并富有启发性。如“左吸腿跳左转接右腿大踢跳”这一组合动作可提炼为“左吸、转踢”,这样既讲清了动作之间的转换、运动路线及动作方向,使学生在听、看、想、练几方面能有机结合,同时又有助于进一步掌握健美操的术语。

(2)提示性语言

提示性语言是在练习过程中,为引起练习者注意而采用的提示或口令。语言提示或口令的声音要洪亮,发音要准确,声调要恰当,且要随着音乐和动作的要求起伏和变化,做到轻重有别、快慢有序。如提示动作方向时可叫“向左三四,向右七八”;提示动作速度时可提示“五六加快”;若更换动作时,可叫“五六 V 字步”;要求停止练习时,可叫“五六七停”等。

(3)评价性语言

无论是表扬语还是批评语、激励语,贵在即时调控,及时遏制不良现象。如在健美操练习过程中,当身体出现扛肩、含胸、塌腰、松腹等毛病,指导者就要用“立颈、沉肩、挺胸、收腹、紧腰”,再用“跟我来、跳起来、加油”等语言来调节练习者的情绪和注意力,使学员及时了解学习效果,能够轻快自信地坚持练习。

(4)身体语言

身体语言也称“肢体语言”,是指利用姿势、手势、步态、眼神、面部与练习者交流的非语言行为。正确使用非言语交流的方法,能够巧妙地互通感情、和谐教与学的关系,对提高健美操练习效果有着举足轻重的作用。

(5)音乐语言

健美操练习中,音乐作为独立的主体形式而存在。健美操动作具有强烈的节奏性特点,通过音乐才能充分表现出来。音乐在帮助记忆、提示统一方面可以起到领导者的作用。

二、健美操基本术语的作用

不管是在健身俱乐部还是在学校，在健美操运动中均需要大量使用健美操术语。健美操术语的使用可以规范教师的课堂语言，使学生准确理解教练或教师所想表达的意思。正确使用健美操术语描述的动作，可使学生大脑接受的动作信息达到尽可能精确，从而加深对动作的理解。教练或教师使用术语进行教学活动可以大大节省课上的时间，因为健美操课的特点是以练习动作为主，讲解占用的时间越多，练习的时间就会减少。健身俱乐部的有氧健美操课的特点，决定了在整个课的过程中，教练停下来讲解的时间很少，因此，在教授大家练习的同时必须用语言来讲解，所用健美操术语必须简短而准确。除此之外，健美操术语也是在进行动作记录、编写教案、教材及专业书籍时准确的书面用语，因为书面用语的文字要求必须精确和专业。因此，从教学、练习和发展健美操的过程中，都需要用专业术语来表达，健美操术语具有十分重要的作用。

三、健美操基本术语的种类

健美操术语包含基础术语和专门术语两个方面。基础术语用来说明动作的方向、路线、节奏、方法和相互关系，专门术语用来说明动作的性质类别。

（一）基础术语

1.场地方位术语

为了表明人的身体在场地上所处的方位，我们一般借鉴舞蹈中基本方位的术语。把开始确定的某一面（主席台、裁判席）定为基本方位的第一点，按顺时针方向，每45°为一个基本方位，将场地划分为8个基本方位即1、2、3、4、5、6、7、8点(图1-1),其分别代表场上的8个方向(表1-2)。

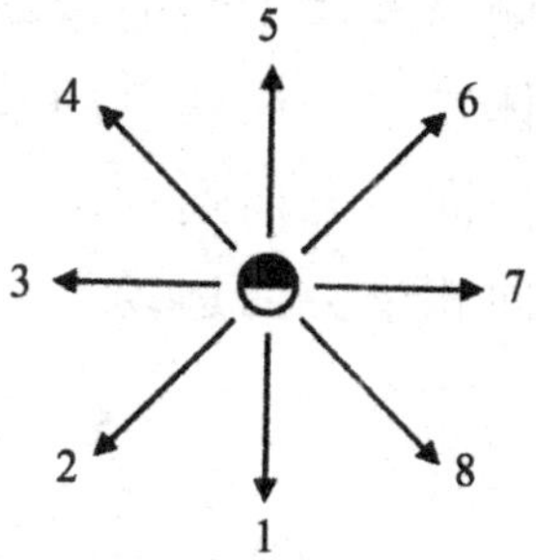

图1-1

表1-2 八个方位

1点	正前方
2点	右前方
3点	正右方
4点	右后方
5点	正后方
6点	左后方
7点	正左方
8点	左前方

2.运动方向术语

指身体各部位运动的方向,运动方向是根据人体直立时的基本方位来确定。

向前:向胸部所对的方向做动作。

向后:向背部所对的方向做动作。

向侧:向肩侧所对的方向做动作,必须指明左侧或右侧。

向上:向头顶所对的方向做动作。

向下:向脚底所对的方向做动作。

中间方向和斜方向:指两个基本方向之间45°的方向。例如,前上方、前下方、侧下方等。

顺时针：转动过程与时针运动方向相同。

逆时针：转动过程与时针运动方向相反。

向内：指肢体由两侧向身体中线的运动。

向外：指肢体由身体正中线向两侧的运动。

同向：指不同肢体向同一方向运动。

异向：指两个肢体向相反方向运动。

3.动作关系术语

同时：不同部位动作要在同一时间内完成。

依次：肢体不同个体相继做相同性质的动作。

交替：不同肢体或不同动作反复进行。

同侧：同一侧的上肢和下肢动作的配合。

异侧：不同侧的上肢和下肢动作的配合。

对称：左、右肢体做相同的动作，但方向相反。

不对称：左、右肢体做不同方向的动作。

4.运动形式术语

举：指手臂或腿向上抬起，停在一定位置，例如臂上举。

屈：指身体某一部位形成一定角度，例如体前屈。

伸：指身体某一部位形成一定角度后伸直，例如伸臂。

踢：腿由低向高做加速有力的摆动动作，例如侧踢。

撑：指手和身体某部分同时着地的姿势，例如俯卧撑。

卧：身体躺在地上的姿势，例如仰卧。

跪：屈膝并以膝着地的姿势，例如跪立。

坐：以臀部着地的姿势，例如并腿坐。

蹲：两腿屈膝站立的姿势有半蹲和全蹲。

摆：臂或腿在某一平面内由一个部位运动到另一个部位动作，不超过 180°，例如后摆。

绕（绕环）：身体部分转动或摆过 180°以上（360°以上称绕环），例如肩绕环。

提:由下向上做运动,例如提臀。

沉:身体某部分放松下蹲的动作,例如沉肩。

含:指两肩胛骨外开,胸部内收,例如含胸。

挺:一般指胸部或腹部向前展开,例如挺胸。

振:臂或上体做大幅度的加速摆动作,例如振臂。

夹:由两侧向中间收紧,例如夹肘。

收:向身体正中线靠拢或还原到起始位置,例如收腿。

推:以手作用于地面或对抗性用力,例如前推。

蹬:腿部由屈髋到伸直发力的过程,例如蹬地。

倾:指身体与地面形成一定角度,例如前倾。

控:身体或肢体(等)抬在一定的高度上,并保持一定的时间,例如控腿。

交叉:肢体前后或上下交叠成一定角度,例如手臂交叉、交叉步。

转体:绕身体纵轴转体的动作,例如单脚转体,水平转体,向后转体。

水平:身体保持和地面平行的一种静止动作,例如分腿水平。

波浪:指身体某部分邻近的关节按顺序做柔和屈伸的动作,例如手臂波浪、身体波浪。

跳跃:双脚离地,身体腾空并保持一定的姿势,例如团身跳、开合跳。

劈叉:两腿分开成直线着地的姿势,例如横叉、纵叉。

5.动作连接术语

动作连接术语用于描述一个连续动作的过程时,用以表达动作的先后顺序及关系。

由:指动作开始时的方位,如由左向右。

经:指动作过程中须强调经过某一特定位置时用经,如两臂经体前交叉。

成:指动作完成的结束姿势,如左脚侧迈一步成左弓步。

至：指动作必须到达的某一指定位置，如提膝至水平位置。

接：强调两个单独动作之间连续完成，如团身跳接屈体分腿跳。

6.运动轴与面的术语（图 1-2）

矢状轴：也称前后轴。是前后平伸与水平面的平行，是与额状轴垂直的轴。

额状轴：也称横轴。是左右平伸与水平面平行，与矢状轴垂直。

垂直轴：也称纵轴。是与人体长轴平行，与水平面垂直的轴。

矢状面：沿身体前后所做的与水平面垂直的切面。矢状面将人体分为左右两半。

额状面：沿身体左右径所做的与水平面垂直的切面。额状面将人体分为前后两半。

水平面：横切直立人体与地面平行的切面。水平面将人体分为上下两半。

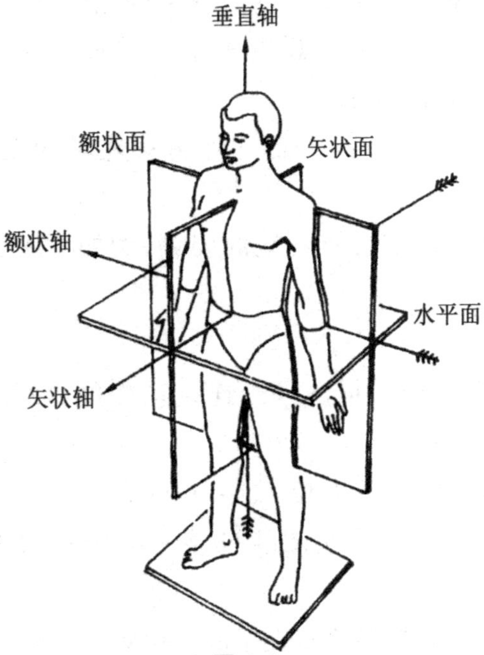

图 1-2

（二）专门术语

描述健美操动作或技术性质、类别确切含义的词汇就是健美操的专门术语。

1.下肢动作术语

踏步(March)：包括原地踏步、踏走步等动作。两腿原地依次抬起，依次落地；手臂前、后自然摆动。

走步(Walk)：踏步移动身体。

漫步(Mambo)：一脚向前迈出屈膝，重心随之前移。另一脚稍抬起然后原地落下。

跑步(Jog)：两腿经过腾空，依次落地缓冲，两臂屈肘摆臂，要求小腿向后屈膝折叠。

并步(Step touch)：一脚迈出，另一脚随之并拢屈膝点地，再向反方向迈步。

迈步点地(Step tap)：一脚向侧迈一步，两腿经屈膝移重心，另一腿再向前、侧或后用脚尖点地。

迈步吸腿(Step knee)：一脚迈出一步，另一脚屈膝抬起，然后向反方向迈步。

迈步后屈腿(Step curl)：一脚迈出一步，另一腿后屈，然后向反方向迈步。

一字步(Easy walk)：一脚向前一步，另一脚迈步并于前脚，然后再依次还原。

V字步(V step)：一脚向左(右)前迈一步，另一脚随之向右(左)前侧方迈步，呈两脚开立。屈膝，然后再依次退回原位。

弓步(Lunge)：两腿前后分开，两脚平行站立，蹲下，起来。

侧交叉步(Grapevine)：一脚向侧迈一步，另一脚在其后交叉，随之再向侧迈一步，另一脚并拢，屈膝点地。

脚尖点地(Touch tap)：一腿稍屈膝站立，另一腿伸出，脚尖点地，然后还原到并腿姿势。

脚跟点地(Hell):一腿稍屈膝站立,另一腿伸出,脚跟点地,然后还原到并腿姿势,只可做向前和向侧的脚跟点地。

吸腿(Knee up):一腿屈膝抬起,落下还原。

摆腿(Leg lift):左腿屈膝支撑,右腿向左前方摆动,接着再向右后方摆动。

踢腿(Kick):一腿稍屈膝站立,另一腿抬起,然后还原。

弹踢腿(跳)(Flick):一腿站立(跳起),另一腿先后屈,然后向前下方弹踢,还原。

后屈腿(跳)(curl):一腿站立(跳起),另一腿向后屈膝,然后放下腿还原。

并腿跳(Jump):两腿并拢跳起。

分腿跳(Squat jump):分腿站立屈膝半蹲,向上跳起,分腿落地屈膝缓冲。

开合跳(Jumping jack):由并腿跳起,分腿落地,然后再由分腿跳起,并腿落地。

半蹲(Squat):两腿有控制地屈伸,可分为并腿半蹲和分腿半蹲。

提踵(Cull raise):两脚跟提起,脚跟落下时稍屈膝。

2.手型动作术语

并掌:五指伸直,相互并拢。大拇指微屈,指关节贴于食指旁。

立掌:手掌用力上屈,五指自然弯曲。

分掌:五指用力伸直,充分张开。

花掌:五指用力,小指、无名指、中指自掌指关节处依次屈,拇指稍内扣。

芭蕾舞手型:五指微屈,后三指并拢、稍内收,拇指内扣。

拳:握拳,拇指在外,指关节弯曲,紧贴于食指和中指。

剑指:食指、中指并拢伸直,其余三指相叠。

“V”指:食指、中指伸直分开,其余三指相叠。

响指：无名指与小指屈握，拇指与中指、食指摩擦后击打大鱼际肌处产生响声。

3.动作强度术语

以脚接触地面时身体所承受的冲击力大小划分为以下三类。

无冲击力动作(Non-Impact moves)：指两脚始终接触地面，身体重心在两脚之间，没有腾空动作。一般是双脚弹动、半蹲、弓步、提踵等。

低冲击力动作(Low impact moves)：指有一脚始终接触地面，包括踏步类、点地类、迈步类、单脚抬起类等。

高冲击力动作(High impact moves)：指有腾空阶段，对身体有一定的冲击力，包括迈步起跳类、双脚起跳类、单腿起跳类、后踢腿跑类等。

4.动作难度术语

《健美操竞赛规则》把健美操难度动作分为四类：A：动力性动作；B：静力性动作；C：跳与跃；D：平衡与柔韧。绝大多数都是以常规术语描述竞技健美操的难度动作，大约共有300多个。另外，也有一些难度动作是以特有的术语名称来指代，简单归纳如下。

开普(Capoiers)：单臂支撑侧水平劈腿。

剪踢(Scissors kick)：单脚起跳，一腿踢至水平面上，腾空后剪刀式交换大踢。

科萨克跳(Cossack jump)：双脚同时起跳，双腿膝关节并拢平行于地面，一脚屈膝。

分切(Cut)：以俯卧撑开始，双手推起后，分腿摆跃，臀部吸起前穿。

直升飞机(Helicopter)：分腿坐后倒，两腿依次做绕环后成俯撑。

给纳(Gainer)：站立开始，一腿向前摆动使整个身体腾空并平行于地面，腾空后双脚并拢。

文森(Wenson):膝关节内侧放于肘关节处的地面支撑动作。

剪式变身跳(Scissors leap 1/2 turn):单脚起跳,转体180°变换腿展示纵叉姿态。

依柳辛(Illusion):由站立开始,一腿后摆在垂直面内绕环,同时身体以支撑腿为支点转体360°。

5.动作表现形式术语

弹性:健美操中所指的弹性是指关节自然地屈伸,给人一种轻松、自然的感觉。

力度:指动作的用力程度,通常以肢体的制动技术来体现力度。

节奏:指动作的用力强弱交替出现,并合乎一定的规律。

幅度:指动作展开的大小,一般是动作经过的轨迹越大则幅度越大。

风格:一套动作表现的主要艺术特色和思想特点。

四、健美操术语的运用

(一)运用术语描述健美操的基本动作

动作部位:指头、肩、臂、手、胸、腰、髋、腿、膝、脚等。

动作方向:指运动方向及路线(包括基本方向、中间方向、斜方向及动作所经过的路线等)。

动作形式:指身体动作的类别如摆动、转体、绕环等。

动作结束:指在什么部位或成什么姿势。

其中动作部位、动作方向、动作形式是动作术语的主要成分。

(二)运用术语描述身体动作的一般规律

表示静止状态:应指明支撑条件和身体姿态。

说明转体动作:应指明支撑部位、转体方向、转体度数和身体姿态。

说明跳跃动作：应指出跳跃类别和空中姿势。

描述移动动作：要指出采用的步伐名称、移动方向、路线和移动距离。

说明躯干弯曲：应指明动作部位、运动方向、经过的路线、运动面和幅度。

（三）健美操动作的记写方法及要求

①在描述一个完整的动作时，一般由下列几个因素构成：开始（预备）姿势、动作方向、动作形式、动作间的关系、动作连接过程、结束姿势。

②注意应按照动作的节拍顺序记写每个动作的做法。

③注意用词的顺序，一般先下肢，后上肢。

④在记写时要注意指出方向上的变化，动作的重复次数。

⑤只记写第一个动作的开始姿势，后一个动作的开始姿势可以省略，因为下一个动作的开始姿势就是前一个动作的结束姿势。

⑥后若干拍与前若干拍动作完全相同，记写时可以省略，但要注明。动作相同但方向相反也要注明。

（四）健美操成套（组）动作记写形式

1.文字记写法

通常这种方法用于编写书籍、专业教材等。它是根据以上介绍的对健美操术语记写的要求，详细、准确地写明具体动作和过程。这种方法较为复杂，但具有描述准确性高的特点。尤其作为竞赛、考核、测验等的规定动作，为了力求统一，不产生误解，在书写时必须完全按照规范术语的要求。

2.缩写法

健美操动作上肢动作的变化比较复杂也比较灵活，重在步法的配合动作，因此通常省略上肢动作不写，而以健美操基本步法名称本身直接记写，只用两三个字表明该动作。如：交叉步、V字步等。动作之间连接过程用加号“+”表示。该方法简便实用，但无法准确描述具体的动作过程细节，一般较多用于快速记录、编写教案等。以下是一组4个八拍动作记写举例（每一行代表一个八拍）。

1×8：2交叉步。

1×8：2一字步。

1×8：4迈步后屈腿。

1×8：2V字步。

3.图解法

图解法可分为单线条简图法和双线条影像绘图法。

单线条简图法能比较简单、直观地再现动作及过程，它的特点是运用单线条简图法在健美操的教学、训练中应用非常广泛，是一项必备技术。

双线条影像绘图法能像照片一样清晰地、立体地勾画出动作的外部形态、服饰及头部的具体形态。但这种绘图方法要求绘图者具有一定的美术基础和专业技术基础，因此只在书籍和专业教材中使用。

第二章　现代健美操的多学科知识研究与应用

随着现代健美操运动的不断发展，其与运动生理学、营养学、医学等多学科之间的联系越来越密切，将这些知识运用于现代健美操运动中，即运用这些学科的知识指导现代健美操运动，加强它们之间的互动与联系，有助于提高健美操运动的科学化发展水平，提高运动效果。本章主要就现代健美操的多学科知识与应用进行研究，主要内容有现代健美操的生理负荷、营养指导以及伤病防治。

第一节　现代健美操的生理负荷

健美操锻炼中身体承受的运动负荷对生理负荷具有决定性的影响，负荷的大小通过心率指标和本体感觉表现出来。从生理学角度看，运动中机体承受的生理负荷是对机体的有效刺激，是引起各器官系统功能产生适应性变化的根本因素，只要方法得当，在适宜的运动负荷刺激下能增强体质。但如果负荷过大，刺激机体的量比身体能够承受的量要大，就会损害机体健康；反之，负荷过小，依然达不到强身健体的效果。因此，为提高现代健美操运动的锻炼效果，需科学确定运动负荷。

一、现代健美操生理负荷的决定因素

生理负荷主要用来表示运动负荷的大小，且以生理功能为指

标。运动强度、运动持续时间、运动频率三个要素共同决定运动负荷的大小，运动能量消耗主要取决于这三个要素之间的相互作用。

(一)运动强度

在相同时间里不同运动方式消耗机体能量的多少就是运动强度，运动强度是运动剧烈程度的反映，强度的大小主要用每分钟心率表示。在健美操锻炼中，应当合理安排运动强度，要考虑每个人的不同身体状况、锻炼目的。只有合理安排运动强度，才能取得良好的运动效果，才能更安全地参与健美操运动。

运动强度的判定方法有很多，最为简单的一种是“靶心率”判定法。“靶心率”指的是最大心率的60%～80%。当人体运动达到最大强度时，心脏的负荷也达到极限，此时的心率称为“最大心率”，计算方法为：最大心率＝220－年龄。研究认为，在健美操运动中，如果心率在靶心率范围内，锻炼效果一般都比较好，身体不会受到损害，患有心血管疾病的健美操锻炼者要对这点予以特别重视。

运动强度测量中，比较简单的一种办法是：测量运动后10秒脉搏×6，就是1分钟的运动强度。在健美操运动中，如果心率超出了最大心率值，就会造成运动伤害。

(二)运动持续时间

运动持续时间与运动强度成反比，运动强度越大，运动持续时间越短。如果健美操锻炼者健康状况不佳及体质较差，应从低强度锻炼开始，对运动强度和运动时间的安排要循序渐进。例如，耐力较差的锻炼者每次运动30分钟，每组5分钟，完成4～6组，组间间歇时间短，每组运动时间可逐渐增加直至达到目标。应根据个人身体情况增加运动时间，避免过度疲劳或出现运动损伤。

(三)运动频率

运动频率指每周锻炼次数。运动消耗的能量、锻炼者的生活方式和个人爱好等因素对每周锻炼次数有决定性影响。每周进行 3～4 次健美操运动，每次运动 1 小时，就能实现强健身体。每天锻炼 1 次，健身效果较好。锻炼强度较低、运动时间较短的锻炼者，每周运动次数应在 5 次以上。

在健美操运动中，要科学处理运动强度、时间、频率三者之间的关系。运动强度大，要相应减少运动时间和运动频率，运动强度适中，可相应加大运动时间和频率，关键是要适量，避免出现过度疲劳，否则会引起健康问题。

二、现代健美操的生理负荷评价

（一）评价指标

1.呼吸系统

在健美操运动中，锻炼者肺部容积和吸氧量成倍增长，反复锻炼可促进呼吸肌收缩能力的增强和胸廓活动范围的扩大，提高呼吸肌功能。在健美操锻炼中，吸氧量增大，机体有氧代谢能力较强。缺乏锻炼的人，肺活量小，呼吸比较浅，在运动过程中，气喘、胸闷现象比较明显。

2.神经系统

在健身性健美操锻炼中，锻炼者肌肉与肌腱的收缩和牵张、身体各部位的空间变化等信息以神经冲动的形式向中枢神经接连不断地传达，到达大脑皮质。适当的运动可以刺激外周神经，增加大脑皮质兴奋和抑制过程的协调性，促进神经系统功能的提高。运动负荷适宜的情况下，肌肉对神经刺激发生反应的速度会加快，准确性会更高，各肌肉间的协同配合能力会得到改善，在完成复杂动作时能将最大的运动效能充分发挥出来。神经系统方面的指标具体有以下两个。

(1)灵敏性

灵敏性综合体现了人体多种运动技能和身体素质的情况，是较为复杂的一种身体素质。

(2)平衡性

神经系统对肌肉控制的能力主要从平衡性中体现出来。

3.心血管系统

(1)心率

测试心率指标可了解循环系统机能。在健美操运动中，通过测定心率，能够了解运动强度对人体的影响情况。心率的个体差异比较明显，受年龄、性别、生理条件等因素的影响。经常参与健美操锻炼的人在安静状态下的心率比没有运动经验的人较慢。

(2)脉搏

评价心血管机能状态及对运动量、运动强度进行监控时，可采用脉搏这项指标。长时间参与健美操锻炼后，锻炼者的脉搏次数会降低，这表明其身体机能得到了提高。

(3)最大摄氧量

最大摄氧量是一项综合生理指标，主要反映人体心肺功能。在健美操运动中，当锻炼者的心肺功能和肌肉利用氧的能力达到极限时，可以用每分钟最大摄氧量对其有氧工作能力进行评定。

4.运动系统

(1)肌力

通常所说的肌力是绝对肌力，即肌肉最大收缩时产生的力，绝对肌力的反映指标一般是肌肉收缩时能克服的最大阻力负荷。

(2)爆发力

人体在最短时间内做功时产生的最大力量就是爆发力。

(3)柔韧性

健美操运动对锻炼者的柔韧性要求较高。用力做动作时扩大动作幅度的能力直接反映了一个人的柔韧性。健美操锻炼中，动作幅度增加，对于提高动作质量非常重要，柔韧性越好，动作就越舒展、优美和协调，并且不容易发生运动损伤。

5.消化系统

长期进行健美操锻炼，大量消耗物质，身体对营养物质的需求就会不断增加，消化管蠕动能力会不断增强，会分泌出更多的消化液，促进肠胃更好地吸收和消化食物。健美操锻炼还能增强腹肌、平滑肌和盆腔肌，使腹腔内的消化器官保持正常的位置，所以健美操锻炼有利于预防便秘、治疗内脏下垂。

6.泌尿系统

肾脏的功能主要体现在排泄代谢终产物、调节体液、维持体内渗透压和酸碱度，从而使人体内环境的相对稳定得以维持。肾脏排除代谢产物是以尿液的形式进行的。肾功能在运动中会发生变化，通过检查尿量和尿液成分可以判断这些变化。

7.内分泌系统

人体内各器官的机能，一方面受神经系统的调节；另一方面受内分泌的影响。健美操运动可调节内分泌腺的功能，促进人体新陈代谢和正常生长发育。剧烈运动时，内分泌腺能产生适应性反应，有利于促进肌肉活动的协调和人体机能能力的提高。

（二）评价方法

1.主观评价

在健美操锻炼中，自我评价身体健康状况及锻炼效果是非常简便而又实用的。通过自我检测，可以有效预防运动伤害，避免过度疲劳。在一段时间的健美操锻炼后，锻炼者体力、心情、精神、食欲都有了积极的变化，说明锻炼效果较好；反之，说明锻炼效果较差，可能是过度疲劳引起的。

主观评价的指标有以下几种。

(1)运动欲望

精力充沛;活泼愉快;工作与运动积极,且效率高等,这是身心健康者的主观感觉。精神萎靡,对任何事都没兴趣,身体软弱,行动迟缓,易怒等是运动过度或患病者的主观感觉。在健美操运动前,锻炼者如果不愿意执行锻炼计划,态度冷漠、厌倦,说明其身体状况不好,或已经出现了早期过度疲劳的症状。

(2)排汗量

健美操运动中,锻炼者的排汗量与运动负荷、训练水平、饮水量、气温、湿度等因素有关,在其他因素相同的情况下,人体的排汗量将随运动负荷的加大而增加,随锻炼水平的提高而逐渐减少。在适宜的外界条件和运动负荷强度下,若大量排汗,甚至夜间盗汗,则说明近期运动负荷过大或身体健康状况下降。

(3)用运动时的感觉确定运动负荷

用运动时的自我感觉确定运动负荷,可以判断一个人的健康情况。这种方法将主观心理用力感觉等级表(简称 RPE)作为运动时生理负荷的标志(表 2-1)。该表把自我感觉分为 15 个级别,用 6～20 表示,使用时以 RPE 值乘以 10 为接近当时练习者的心率水平。通过多次运动试验检验,发现主观用力感觉和上述生理指标密切相关,RPE 与心率之间的相关系数为 0.80～0.90。进行健美操锻炼也可参照此量表。

表 2-1　主观用力感觉等级

自我感觉	等级
非常轻松	6、7、8
很轻松	9、10
尚轻松	11、12
累	15、16
很累	17、18
精疲力竭	19、20

(4)运动后恢复情况

健美操锻炼后,锻炼者肌肉酸痛、四肢乏力是正常的,如果经过适当休息后,这些现象消失,锻炼水平恢复,说明运动负荷安排适当。若在充分休息和全面营养的情况下,上述现象仍然长时间存在,说明出现了过度疲劳症状,具体表现为头痛、头晕、恶心、胸闷或腹痛等,这说明锻炼者在健美操锻炼过程中,锻炼内容、方法、负荷安排不当,这时需要及时休息,防止发生损伤。

(5)食欲

一般而言,经常参加锻炼的人食欲较好。正常情况下如果出现食欲下降、口渴等现象,则可能是过度疲劳的问题。

(6)睡眠

睡眠对消除运动后疲劳具有重要意义。睡得快、睡得深,早起感觉轻松是睡眠质量高的表现。经常锻炼的人若入眠难、失眠、惊梦、早起浑身乏力或嗜睡,则可能是锻炼方法和运动负荷安排不当。

2.客观评价

(1)呼吸系统评价的方法

在定量负荷的健美操练习后,测量练习者的肺通气量,通过前后对比,可以对练习者的心肺功能变化情况进行评定。如果肺通气量不变或有所下降,表明练习者机能水平提高。测肺活量是最简易的方法。

健美操运动有利于提高人的肺活量水平,延缓肺活量衰减。如果锻炼者在进行阶段性健美操练习后,肺活量下降,说明其可能没有合理安排练习强度或练习量。

(2)神经系统评价方法

①平衡性。用睁眼静力平衡、金鸡独立等方法可对人的平衡性进行测定。

金鸡独立:受试者双手叉在腰间,单脚站立,另一腿置于支撑腿膝关节处,记录时间,直到支撑腿移动,无法继续保持平衡,停止计时。单脚站立时间越长,说明平衡能力越好。

睁眼静力平衡:受试者优势脚站在2.5厘米宽的木板条上,记录站立时间,时间越长,说明平衡能力越好。

②灵敏性。可用立卧撑测验灵敏性。具体方法为,受试者屈蹲,然后恢复站立姿势,在规定时间内受试者完成的次数越多,说明其灵敏性越强。

(3)心血管系统评价方法

①心率。没有运动基础的人参与健美操运动,可通过美国空军医生库博提出的公式来确定其运动负荷,公式如下。

(220次/分)-(年龄)=运动时最大心率(次/分)

例如,30岁的人其最高心率为:220-30=190次/分,即30岁的人,最大心率为190次/分。而50岁的人,运动时的最大心率则为220-50=170次/分。

有运动基础的人参与健美操运动,可通过如下公式来确定其运动负荷。

(205次/分)-(年龄的一半)=运动时最大心率(次/分)

例如,40岁的人,其最大心率为205-40/2=185次/分。

关于适宜的运动心律范围,不同组织提出了不同的建议,通常采取的指标有以下几种。

美国健身研究协会推荐的指标:

最大心率×(65%~80%)

美国人体心脏学学会推荐的指标:

最大心率×(60%~75%)

美国运动医学院推荐的指标:

最大心率×(65%~90%)

心率在上述指标范围内是属有氧运动。故称健身指标区。在健身指标区内,百分比指数越高,对身体的影响就越大,健身的效果就越明显,如果百分比指数超过上述范围则是无氧训练,对一般健身无益。但百分比过低,运动就成了一般的活动,无法有效提高运动效果。因此,健美操锻炼者只有确定与自己相符的运动负荷,才能获得好的锻炼效果,实现强身健体的目的。

②血压。正常人的收缩压、舒张压分别在100～125毫米汞柱、60～80毫米汞柱范围内。男子比女子略高，随着年龄增长，血压会升高。

测量血压一般在早上进行，受试者在安静状态下接受测试，如果静血压较平时高20%，或经常保持在收缩压140毫米汞柱，舒张压90毫米汞柱以上，可诊断为疲劳，应在健美操锻炼中对运动量进行恰当的调整。

(4)运动系统评价方法

①肌力。一般用握力计测定测量肌肉绝对力量，具体方法是，受试者双手尽力握住握力计，然后读数，即为其最大绝对力量。

测试短期训练效果时，握力测试准确性较差，测试长期训练效果时，准确性比较高。一般来说，练习者在阶段训练前测一次，训练后再测一次，对比两次结果。练习后的力量一般会增加，练习量、练习强度会影响力量增加的幅度，健美操锻炼中的练习强度、练习量越大，肌力的增加幅度越大。

②爆发力。用立定跳远可以测定腿部力量，从而判断全身爆发力。要求受试者原地直接往前跳(没有助跑)，测量跳远的水平距离(表)。

表2-2 立定跳远测评

年龄(岁)	立定跳远(厘米)	
	男	女
50以上	179	100
40～49	180～204	101～120
30～39	205～225	121～140
20～29	226～245	141～160
16～20	246	161

③柔韧性。柔韧性受先天遗传因素的影响较大，但通过健美操伸展练习，会提高身体的柔韧性。通过立位体前屈可测量健美

操练习者的柔韧性，方法如下。

受试者伸直双膝，逐渐前屈，不能抬脚，双手尽量向下做最大幅度的延伸。如果双手只能碰到踝关节及以上，说明柔韧性差，手指能碰到脚，说明柔韧性一般，掌跟触地，说明柔韧性好（表 2-3）。

表 2-3　立位体前屈测评

	评定结果
双手只能碰到踝关节及以上	柔韧性差
手指碰到脚	柔韧性一般
掌跟触地	柔韧性好

第二节　现代健美操的营养指导

一、现代健美操运动锻炼与营养

在人体健康促进中，营养和体育运动都是非常重要的因素。营养是构成机体组织的物质基础，体育运动则能够促进机体机能的增强。两者科学结合可有效提高身体健康水平。但如果只注重补充营养而不参与锻炼，就会导致肌肉松弛、肥胖、身体无力、降低机能水平；若在体育锻炼中没有全面合理地补充营养，就无法使体内消耗的物质能量得到补偿，从而影响身体的健康。

在健美操锻炼中，要全面了解人体所需的糖、维生素、蛋白质、脂肪、矿物质、膳食纤维和水等营养成分，科学、正确地选择食物，充分发挥食物的营养作用。

（一）糖

糖是人体必需的重要营养素，糖被人体吸收后转化为碳水化合物，给人提供充足的能量。甘蔗糖、甜菜糖、雅津甜高粱糖等是一般所说的糖的具体形式。不同的糖被人体消化吸收的速度不同,但功能基本相同。所有的糖都在消化道内分解成单糖后才被机体吸收,所以单糖的吸收速度比多糖快。提供热能是糖的主要功能。我国的膳食结构中以高糖膳食为主,人们主要从膳食中摄取机体所需的糖,而且量比较充足。因此,在膳食充足的情况下,另外补充糖是没有必要的。食入过多的糖,可使糖在体内转化成脂肪储存起来,从而导致身体肥胖,出现糖尿病、心血管疾病等病症,损害健康。

由于糖在体内的代谢有耗氧少、供能快等特点,在健美操锻炼前,体质弱者可适当补充一些糖,节省体内糖原,防止低血糖,从而减轻或延迟疲劳发生,提高健美操锻炼效果。

膳食中,常见食物的含糖量见表 2-4。

表 2-4　常用食物中的含糖量

食物名称	含糖量(克/100 克)
大米	77
面粉	75
玉米面	71
高粱面	76
小米	73
马铃薯	18
甘薯	13
芋头	16
藕	18
藕粉	85
豌豆	57.5
赤豆	61.0
牛奶粉(全脂)	52.0
猪肉	0.9
鲤鱼	1.0

续表

食物名称	含糖量(克/100克)
甘蔗	14.0～18.0
甜菜	16.0～20.0
菠萝	12.0～15.0
玉米秸	8.0～12.0
莲子	61.9
花生	15.5
柿子	15.0
苹果	13.0
柑橘	13.0
橙子	10.0
菠菜	4.0
大白菜	3.0
牛奶	5.0
胡萝卜	3.0
板栗	41.5

（二）维生素

维生素也是对人体健康非常有利的一类营养物质。它虽然不是生命的基本单位，也不能直接供应能量，但仍然不可或缺。它参与体内的各种代谢过程和生化反应，参与和促进蛋白质、脂肪、糖的合成利用。许多维生素还是多种酶和辅酶的重要成分。维生素无法通过人体自身合成，在天然食物中的含量也很少，但对人体来说，这些极微小的量却是必须要补充的。如果体内缺乏维生素，酶的合成就会受阻，导致人体代谢过程紊乱，从而引起疾病。一般来说，主要由食物供给人体所需的维生素，在食物的充分供给下，没有补充维生素制剂的必要。

维生素中主要元素的功能及来源见表 2-5。

表 2-5　维生素的功能及来源

维生素元素	功能	来源
维生素 A	(1)防止夜盲症和视力减退,治疗眼疾 (2)抗呼吸系统感染作用 (3)促进免疫系统功能正常 (4)促进发育,强壮骨骼,维 (5)护皮肤、头发、牙齿、牙床的健康 (6)治疗肺气肿、甲状腺功能亢进症	动物肝脏、蛋黄、黄色与绿色蔬菜
维生素 B_1	(1)促进成长 (2)帮助消化	粮食(胚芽和上皮部分)、绿叶蔬菜、酵母、肉类、动物内脏
维生素 B_2	(1)促进发育和细胞再生 (2)增进视力	动物性食物,豆类和新鲜绿叶蔬菜
维生素 C	(1)治疗受伤、灼伤、牙龈出血 (2)治疗普通感冒 (3)抗癌 (4)预防坏血病	植物性食物中,几乎所有蔬菜和水果中都含有
维生素 D	(1)促进生长和骨骼钙化 (2)提高肌体对钙、磷的吸收	照射日光可补充维生素 D;鱼肝油、肝、蛋黄等食物含有少量维生素 D
维生素 E	(1)阻止食物和消化道内不饱和脂肪酸被氧化,维持细胞膜的完整性 (2)提高肌体免疫力,预防心血管病	麦胚芽油、玉米油中分布较多

(三)蛋白质

蛋白质由许多氨基酸构成,它的主要功能是构成机体组织、调节生理机能、提供热能。蛋白质对人体运动能力有直接影响。肌肉中蛋白质的含量增加可促进肌纤维增粗、力量增大;血红蛋白和肌红蛋白的增加可对体内物质代谢进行改善。

儿童蛋白质供给不足,会导致生长发育迟缓、智力发育缓慢;成年蛋白质长期供给不足,会导致体重下降、肌肉萎缩、贫血等;

妇女蛋白质长期供给不足，会导致月经紊乱。但过多摄入蛋白质也会影响身体健康，增加肝脏和肾脏的负担。因此，在健美操锻炼中，要注意对蛋白质的合理补充，注意适量。含蛋白质较高食物主要有鱼、瘦肉、蛋、大豆、花生及豆制品等。

常见食物的蛋白质含量见表2-6。

表2-6 几种食物的蛋白质含量

食物	蛋白质含量(克/100克)
牛奶	3.0
鸡蛋	12.3
瘦猪肉	14.6
瘦牛肉	20.2
羊肉	17.1
草鱼	16.1
大米	7.4
小米	9.0
标准粉	11.2
玉米	8.7
大豆	35.1
花生仁	25
大白菜	1.7
油菜	1.8
菠菜	2.6
马铃薯	2.0
苹果	0.5
鸭梨	0.2

(四)脂肪

脂肪主要由脂肪酸构成，是人体组织的重要构成部分和提供热量的主要物质。烹调用油脂和食物本身所含的油脂是脂肪的主要来源。

人体对脂肪的实际需要量并不多，每天50克左右就可以。过多地摄入脂肪，尤其是动物性脂肪，会导致肥胖、高血脂和动脉硬化。因此，健美操锻炼中，要注意合理补充脂肪。

长时间参与体育锻炼时，体内脂肪是主要能量来源，但只有在氧充足的情况下脂肪才能被氧化。所以，选择健美操这项有氧运动来消耗和减少脂肪是明智之举。

常见食物中的脂肪含量见表2-7。

表2-7　几种食物中的脂肪含量

食物	脂肪含量(克/100克)
猪肉(肥)	90.4
猪肉(肥瘦)	37.4
牛肉(肥瘦)	13.4
羊肉(肥瘦)	14.1
鸡肉	9.4
牛奶粉(全脂)	21.2
鸡蛋	10.0
黄豆	16.0
花生仁	44.3
核桃仁	58.8
水果	0.1～0.5
大米	0.8～1.5
西瓜子(炒)	44.8
南瓜子(炒)	46.1
栗子	1.7
大枣(干)	0.4
松子仁	70.6
葵花子仁	53.4

续表

食物	脂肪含量(克/100克)
芝麻	39.6
蔬菜	0.1～1.5

(五)矿物质

人体内的矿物质约有50多种,其中有20种左右是构成人体组织、维持生理功能、生化代谢的重要物质。人体必需的矿物质元素有需要量多的宏量元素与需要量少的微量元素之分,前者主要包括钙、钾、磷、钠、氯等,后者主要包括铁、铜、锌、锰、硒、碘等。矿物质在食物中广泛分布,健美操锻炼者一般通过摄取含有矿物质的元素就能满足机体需要,钙和铁元素是人体比较容易缺乏的两种矿物质元素。

机体所需主要矿物质元素的功能及来源见表2-8。

表2-8 矿物质元素的功能及来源

矿物质元素	功能	食物来源
钙	(1)骨骼和牙齿的主要成分 (2)维持肌肉正常兴奋性 (3)帮助血液凝固	乳类及乳制品、虾皮、海带、干果、豆类、豆制品、绿叶蔬菜
铁	构成血红蛋白,缺乏则易发生贫血	动物肝脏、瘦肉、豆类、绿色蔬菜和粮食的外皮部分
钾	(1)调节细胞内外的水平衡 (2)促进糖原合成 (3)参与能量代谢 (4)促进肌凝蛋白质的合成 (5)维持神经肌肉的应激性	各种食物、水果蔬菜

续表

矿物质元素	功能	食物来源
磷	(1)磷与钙结合成磷酸钙，是骨和牙齿的重要成分 (2)参与形成酶 (3)促进物质代谢，供给肌肉收缩能量 (4)形成血液中磷酸盐，维持酸碱平衡 (5)与脂肪合成磷脂，是神经系统的重要物质	乳类、蛋、肉、豆类和绿色蔬菜
氯化钠	(1)维持机体水平衡、酸碱平衡 (2)增加神经肌肉的兴奋性 (3)调味作用，增加食欲 (4)促进消化	食盐

(六)膳食纤维

膳食纤维是指能增强人体小肠消化吸收，在人体大肠能部分或全部发酵的可食用的植物性成分、碳水化合物及其相类似物质的总和，包括多糖、寡糖、木质素以及相关的植物物质。膳食纤维在改善肠道功能，调节脂类、糖类代谢，调节酸碱体质，控制体重等方面发挥着重要的作用，是健美操运动锻炼者不可或缺的营养物质。

(七)水

水是人体构造的重要成分，是地球上所有生命生存的重要资源，也是生物体最重要的组成部分。水具有运输、代谢、调节体温和润滑组织等功能，在成人体重中占60%左右的比例。体内水分的出入量在正常情况下基本平衡，成年人一般每天需水 2 000～4 000 毫升。出汗较多时，需补充更多的水，机体能量消耗与机体需水量之间成正比，多耗能 1 千卡，需增加 1 000 毫升水量。在健美操锻炼中，锻炼者在运动前、运动中及运动后都要注意补水，满足机体运动所需。

二、健美操运动中不同健身诉求的营养指导

健美操是典型的有氧运动，运动过程中消耗的主要是热量，运动者只要正常饮食，不偏食，就可以满足锻炼所需的营养物质。人们参与健美操运动主要是为了强身健体，但也有特殊的健身诉求，如减脂、塑体等，这部分锻炼者特别要注意讲究营养和科学饮食。只有营养和运动方式完美结合，才能实现锻炼目标，取得良好的锻炼效果。

下面主要就健美操运动中减脂类和塑体类群体的营养问题进行具体分析。

（一）减脂类营养指导

脂肪、蛋白质和糖类是人体能量的三大主要来源。健美操锻炼者中，有减脂诉求的练习者主要是为了减少身体脂肪比例而参与该项运动的，因此在营养搭配中，要对能量总摄入量进行控制，在正常能量需求的基础上减少800～1 200卡能量，具体视个人情况而定。

1.营养配比

脂肪、蛋白质和糖类三大营养素缺一不可，而且彼此不能代替。因此在控制能量总摄入量时，要注意三者的合理配比，糖类、脂肪和蛋白质的比例分别为60%～70%、20%、10%。

2.注意事项

①保证摄入足够的糖类，避免因缺糖而引起低血糖症，对中枢神经能力造成影响。另外，糖类的减少会影响人的锻炼能力，很难达到减脂目的。

②在单位时间内不要摄入过多糖类，少食多餐，避免多余的糖类转化成脂肪，导致肥胖。

③选择番薯、燕麦、糙米等富含纤维素的糖类来源。适当增加蛋白质摄入量，减少饥饿感。

④晚餐减少能量摄入，饭后避免久坐或久卧。

3.饮食处方建议

健美操锻炼者中，减脂类群体的饮食处方见表 2-9。

表 2-9　减脂饮食处方

用餐时间	食物类别	食物量
7:00	燕麦粥、脱脂牛奶、水果	麦片 100 克，牛奶 350 毫升，苹果 100 克
10:00	蛋糕	蛋糕 50 克
13:00	金枪鱼三明治、蒸蛋	面包 100 克，金枪鱼 50 克，蔬菜 25 克，鸡蛋 1 个
16:00(运动前)	蛋白粉饮料	乳清蛋白粉 30 克
19:00(运动后)	烤鸡肉土豆，蔬菜色拉	鸡肉 100 克，土豆 50 克，蔬菜 150 克
22:00	蛋白粉饮料	乳清蛋白粉 30 克

（二）塑体类营养指导

健美操运动中，有塑体健身诉求的练习者有一定的肌肉量要求，但不要求过多，脂肪比例一般控制在标准范围的下半区。在锻炼中，可采用有氧耐力训练方法，运动强度为中等偏上，营养搭配需要保持能量负平衡。

1.营养配比

糖类、脂肪、蛋白质的比例搭配分别为 50%～60%、20%、20%。

2.注意事项

①在膳食选择上，可选纤维素高的食物，增加饱腹感。

②保证脂肪的摄入量，避免因脂肪摄入不足而导致内分泌失调、免疫力下降、胃下垂、皮肤干燥等问题出现。

③塑体训练效果由机体脂肪与蛋白质含量决定，因此，要合理补充蛋白质，且以鸡蛋、牛奶、牛肉等优质蛋白质为主。

3.饮食处方建议

健美操运动中，塑体类群体的饮食处方见表2-10。

表2-10　塑体饮食处方

就餐时间	食物类别	食物量
7:00	鸡蛋燕麦粥，鸡蛋，脱脂牛奶，水果	麦片100克，鸡蛋1个，牛奶350毫升，苹果100克
10:00	苹果	苹果100克
13:00	烟熏三文鱼配面，水果色拉	通心粉50克，三文鱼100克，苹果50克，蜜瓜50克
16:00(运动前)	蛋白粉饮料	乳清蛋白粉30克
19:00(运动后)	裸麦面包，鸡排，蔬菜色拉	面包100克，鸡肉100克，蔬菜150克
22:00	蛋白粉饮料	乳清蛋白粉30克

三、营养的摄取

(一)健康合理的膳食

1.健康的饮食安排

对于健美操运动参与者而言，为达到好的锻炼效果，实现锻炼目标，需养成正确的饮食习惯，对每餐间隔时间、膳食量的安排应与日常作息习惯、生理变化规律及运动需求相适应，这样才能实现健康。如果饮食习惯不健康，就会影响消化系统功能，并引发一些疾病，对生活与锻炼造成影响。

一般来说，每餐之间的间隔时间在4～5个小时，每日进食次数以3～4餐为宜。每日食物的分配应与日常作息时间相适应。以一日三餐为例来说，每餐的安排如下。

(1)早餐

在全天总摄入量中，早餐占30%，以补充蛋白质、脂肪、适量维生素为主。牛奶、面包、煎鸡蛋、新鲜水果或鲜果汁是早餐首选食物。

(2)午餐

在全天总摄入量中，午餐占40%，要增加三大营养素的供给，膳食量应该是一天中最大的。

(3)晚餐

在全天总摄入量中，晚餐占30%，减少蛋白质、脂肪的摄入量，增加糖类等易消化食物的摄入比例。

2.中国普通成人膳食指南

《中国居民膳食指南》可以帮助健美操运动者合理选择食物，改善自己的营养和健康状况，预防慢性疾病发生，提高锻炼效果和体质水平。

一般成年人群的膳食指南如下。

①食物多样，以谷类为主，粗粮与细粮合理搭配。

②多吃蔬菜、水果和薯类。

③每天吃豆类(豆制品)、奶类(奶制品)。

④经常适量吃一些鱼、禽、蛋和瘦肉。

⑤烹调时减少用油量，以清淡膳食为主。

⑥克制饮食，保持健康体重。

⑦合理分配三餐，零食要适当。

⑧每天饮足量水。

⑨饮酒要限量。

⑩膳食讲究新鲜、卫生。

（二）合理烹饪食物

储存、加工和烹饪方式等都会影响食物的营养价值。烹调主要是为了提升食物的色、香、味，增加菜肴的观感，刺激食欲。此外，还要尽可能将食物中的营养成分保留下来，促进人体对食物中各类营养的吸收与消化。

1.烹饪方式对营养的影响

常见烹饪方式对营养的影响见表2-11。

表2-11 常见烹饪方式对营养的影响

烹饪方式	对营养的影响
蒸	对食物营养影响最小
煮	对糖类、蛋白质具有水解作用，对脂肪的影响不显著，但会使水溶性维生素及矿物质溶于水中，促进人体消化与吸收
焖	提高食物消化率，使其他成分溶出增多，提高食物本身的营养价值，但焖的时间过长，会损失部分B族维生素和维生素C
炖	使水溶性维生素和矿物质溶于汤内，增加鲜度，但时间过长，会严重破坏维生素成分
炸	会损失营养成分，使蛋白质因高温而变性，导致脂肪失去功能。在原料表面挂一层糊，可减少营养素损失量
卤	使维生素和矿物质部分溶于卤汁中，损失部分脂肪和蛋白质
熘	会导致营养成分损失，在原料表面挂一层糊可减少损失的量
炒	炒制方法不同，营养损失也不同，慢火干炒的营养损失最大，高温快炒的营养损失较小。在食材外层裹蛋清或湿淀粉可减少损失
爆	营养损失较大，在食物外裹蛋清或湿淀粉可减少损失
熏	严重破坏维生素，导致部分脂肪损失，也可能产生致癌物质
烤	对营养破坏程度最大，使维生素受到相当大的破坏，导致部分脂肪损失。用明火烤还可能产生致癌物质
煎	对维生素及其他营养素的影响不严重

2.科学烹饪食物的注意事项

合理烹饪加工会促进食物营养的保留,所以在食物烹调过程中,应兼顾色、香、味与营养素的保留,更好地发挥食物的营养,使人体在饮食后获得健康。

科学的烹饪需注意以下几点。

①注意合理清洗食材,保持卫生与营养的平衡。

②科学切割、配菜,根据原料种类和性质决定切割时料形大小和形态,在配菜时注意利用各成分之间的有利化学反应,避免不良化学反应。

③沸水烫料,采取焯水的方法处理涩味很强的蔬菜,但要用沸水焯,时间稍短。

④上浆挂糊可使食材间接受热,对食材营养成分加以保护,避免损失营养素。

⑤适当加醋可提高菜肴营养价值,可调味、去腥、解腻、增香、杀菌、防腐、增进菜肴质感等。

⑥勾芡保护、旺火急炒可减少营养成分流失。

第三节 现代健美操的伤病防治

一、健美操运动的损伤与处理

(一)健美操运动中易发生损伤的部位

1.头部和颈部

在健美操运动锻炼中,头部与颈部容易受伤,这主要出现在以下几种情况下。

①头部左右运动时速度较快，动作猛烈。

②负重和极度侧屈时。

③用力牵拉头部以促进背部与颈部充分伸展时(图 2-1)。

图 2-1

2.肩部

健美操运动中，锻炼者重复性提肩(图 2-2)、过度伸展及迅速摆动都有可能导致肩关节受伤。

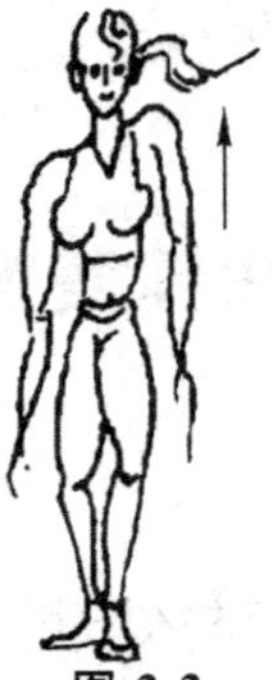

图 2-2

此外，健美操运动中有很多手臂动作，如果锻炼者肌肉柔韧性较差，或动作不规范，那么手臂动作向同一方向多次重复，尤其重复过头顶的动作时，也可能导致肩部受伤，如多次单臂上举(图 2-3)等。

图 2-3

3.躯干

在以下情况下,健美操锻炼者的躯干部位容易受伤。

①俯卧背部练习中,背部伸展高度高于肘部着地高度容易导致背部受伤(图 2-4)。

图 2-4

②做剪刀腿(图 2-5)和抖动踢腿动作容易造成腰背受伤。

图 2-5

③仰卧抬起上体时,脊柱和腰部因承受的压力过大而受伤。

4.小腿和踝关节

健美操锻炼过程中,在下列两种情况下可能会导致锻炼者小腿和踝关节受伤。

(1)小腿

①连续踢腿次数过多。

②单腿原地跑步不规范。

(2)踝关节

健美操锻炼者在跳起落地时,如果没有保持好重心,身体重心失去平衡,踝关节过度内翻或外翻,就会导致脚踝受伤。

5.膝部

健美操运动中,一般在做以下动作时,锻炼者的膝关节容易受伤。

(1)深蹲

膝盖深度弯曲,给膝关节造成严重压力,导致膝关节受伤(图2-6)。

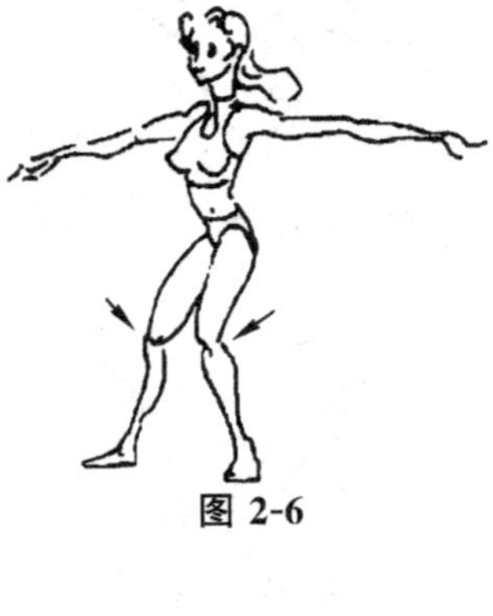

图 2-6

(2)下蹲

下蹲时,动作太快,身体前斜幅度大,给膝盖和腰造成较大的压力,容易导致膝盖受伤(图 2-7)。

(3)宽蹲

突然宽蹲时,脚尖外叉,增加膝盖的受力,容易导致膝盖受伤(图 2-8)。

图 2-7

图 2-8

（二）导致健美操运动中发生损伤的原因

1.极端动作

超出安全运动范围（方向和长度上）的动作就是极端动作。人们在健美操运动锻炼中，常出现的极端动作有过度弯曲、过度伸展等危险性动作，在负重下做极端动作练习的危险更大。

例如，在体前屈（图 2-9）时，上体前屈，手指触地，这时腰部就处于极端伸展状态，容易发生损伤。

图 2-9

2.过度负重

在健美操运动锻炼中，下肢损伤大都是由负荷过重引起的，如屈膝蹲，当膝盖 90°弯曲时，弯曲角度大于安全角度，膝部承受负荷过大，因而引起受伤。

3.快速运动

健美操锻炼者如果按照正常速度参与锻炼，本身是没有问题的，但如果练习速度过快，就会引起损伤。

例如，双肩快速摆动运动（图 2-10）中，肩关节结缔组织承受很大压力，从而引起受伤。

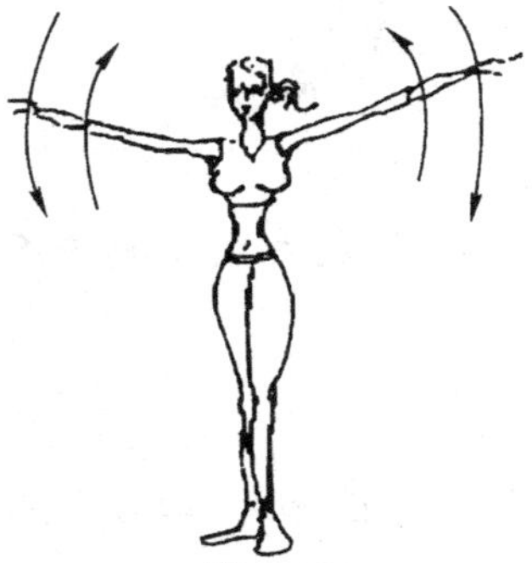
图 2-10

4.持续运动

在健美操运动过程中，如果锻炼者持续一个动作，肌群或关节就会持续受压，这时就容易受伤。

例如，仰卧起坐（图 2-11）练习中，在双脚着地、背部没有任何支撑的情况下，容易出现躯干部位受伤的情况。

图 2-11

(三)健美操常见运动损伤的处理

健美操运动中,常见损伤有以下几种。

1.擦伤

(1)原因

摔倒后体表与地面相互摩擦。

(2)症状

皮肤表面受损,有血或组织液渗出,没有裂开。

(3)处理方法

用生理盐水反复冲洗创面,涂抹碘酒或酒精以消毒,将受伤部位暴露于空气中。

2.挫伤

(1)原因

①撞击器械。

②练习者互相碰撞。

(2)症状

①伤处红肿,皮下出血,疼痛。

②内脏器官损伤有头晕、脸色苍白、心慌气短、四肢发凉等。

(3)处理方法

①24 小时内冷敷或加压包扎或外敷中药。

②24 小时后按摩或理疗。

③恢复期可进行功能性锻炼。

3.肌肉拉伤

(1)原因

①准备活动不充分。

②动作不协调。

③肌肉弹性、伸展性、肌力等较差。

(2)症状

①伤处肿胀、压痛、肌肉痉挛。

②严重时出现肌肉撕裂。

(3)处理方法

①轻者:即刻冷敷,并加压包扎1~2天,抬高患处。48小时后按摩或理疗,外用中药。

②严重者:在加压包扎急救后,立即送医院手术治疗。

4.踝关节扭伤

(1)原因

①准备活动不充分。

②起跳落地时,身体失去平衡。

(2)症状

伤处疼痛、肿胀、韧带损伤处有明显压痛、皮下瘀血。

(3)处理方法

①止血防肿。

②活血祛瘀,消肿止痛。

③功能锻炼。

5.腱鞘炎

(1)原因

过度摩擦或挤压腱鞘。

(2)症状

疼痛可向一侧肌肉和关节放射,并出现由肿胀病变而造成的增厚。

(3)处理方法

①慢性腱鞘炎痛点局限,用强的松龙鞘内注射。

②急性腱鞘炎首先应制动,接着采用中药热敷,并配合按摩。

6.骨膜炎

(1)原因

①踢腿、跑步、开合跳等动作练习中,落地时缓冲不充分。

②屈肌群过度疲劳。

③过度摩擦或挤压腱鞘

(2)症状

隐痛,在骨面上可以找到压痛点。

(3)处理方法

①轻者局部包扎。

②重者外敷新药或用温水浸浴,配合按摩治疗。

二、健美操运动疾病处理

(一)运动性晕厥

由于脑部突然供血不足而一时丧失知觉就是运动性晕厥。

1.原因

健美操运动锻炼中,运动时间过长或运动强度过大,导致大量血液在下肢积聚,回心血量减少。

2.症状

面色苍白、失去知觉、头晕耳鸣、眼前发黑、全身无力、手足发凉、脉搏慢而弱、呼吸缓慢、血压降低等。

3.处理

①使患者平卧,足略比头高,由小腿向大腿心脏方向按摩或拍击。同时用手指点压人中、合谷等穴位。

②如患者停止呼吸,立即进行人工呼吸。轻度休克者,搀扶患者慢慢走一段时间,帮助其深呼吸。

(二)抽筋

抽筋指的是肌肉不自主的强直收缩,变得坚硬。

1.原因

准备活动不足时；肌肉受到寒冷的强烈刺激时；情绪过分紧张时；肌肉强力收缩，或收缩与放松不协调时等均可能导致抽筋。

2.症状

肌肉突然坚硬、疼痛难忍。

3.处理

对抽筋部位做牵引，并配合按摩、揉捏、扣打，缓解痉挛症状。

（三）运动性贫血

因运动引起的血红蛋白量减少称为运动性贫血。

1.原因

①健美操锻炼中，肌肉对蛋白质和铁的需求量增加，但又得不到满足。

②健美操运动中，红细胞的脆性增加，而且剧烈运动时血流速度加快，易引起红细胞破裂，破坏红细胞的新生与衰亡之间的平衡，从而引发贫血。

2.症状

①脸色苍白、头晕、恶心、呕吐、气喘、体力不支。

②运动后心悸、心率加快等。

3.处理

适当减少运动量，甚至暂停运动，补充富含蛋白质和铁的食物，口服硫酸亚铁，治疗缺铁性贫血。

第三章　现代健美操的科学教学理论研究

同其他体育运动项目教学一样，健美操教学同样也需要一定的科学理论作为支撑，并得到相应的科学指导。本章就现代健美操的科学教学理论进行研究，内容包括健美操教学的目标、任务与内容，健美操教学的原则与方法，以及新时期健美操教学改革的策略。

第一节　健美操教学的目标、任务与内容

一、健美操教学的目标

科学的教学目标对高校健美操教学方向有着非常重要的指导作用。为了使教学方向不出现错误和偏离，首先就应该认真理解和分析高校健美操教学的目标。下面就对其几个重点目标进行具体分析。

（一）熟练掌握健美操知识和技能

帮助学生掌握健美操知识、技术与技能是高校健美操教学的主要目标。随着现代体育教学的发展，这一目标的具体内容包括两个方面。一是要使学生对健美操的基本知识、基本技术和基本技能能够熟练掌握；二是要在教学中引入与健美操相关的知识，从而达到使学生学会发现、学会创造，并在实践中灵活运用这些

知识的目的。

（二）全面发展学生身体素质

学生身体素质是在体育运动中，各器官系统表现出的各种机能能力，它主要包括力量、速度、耐力、灵敏、协调、柔韧等方面的素质。身体素质是个体参加体育运动的重要基础，在进行健美操运动训练时，身体素质也同样发挥着重要作用，如动作的力度、速度、幅度、高度、协调性等都需要有良好的身体素质作为保障。因此，高校健美操教学过程中，全面发展学生身体素质也是一个较为基础的教学目标，应得到教师和学生的共同重视。

（三）改善学生体形和姿态

高校学生正处在身体发育的重要时期，具有较强的可塑性，加上美育在体育教学中地位的不断提高，学生体形健美、姿态端正也成为体育教学的一个重要目标。不仅身体发育要求体形健美、姿态端正，而且这也是美育的要求。完美的身体形态是机体功能完善的重要反映，而姿态的端正（正确的美的站、坐、走姿势），更是充分展现出了形态美在活动中的状态，这既是人的生命力的完美表现，也是美学价值的充分体现形式，不可忽视。

（四）全面提升学生个人能力

能力是个体素质的重要组成部分，它是一种能够促进个体发展的潜在品质。在现代体育教学中，仅仅靠帮助学生掌握运动基础知识和技能是无法满足教学要求的，重视学生个人能力的培养，将学生运动知识和技能的培养与其个人能力的培养进行有机的结合，才能更好地提高学生对体育运动的兴趣。在高校健美操运动教学过程中，实现知识、技能和个人能力的有机结合，不仅可以极大地促进学生熟练掌握健美操运动知识和技能，还能提高学生对健美操学习的兴趣，挖掘自身的潜力，培养其创新发展的精神。

在高校健美操教学中，应该重点从以下几个方面来对学生的能力进行重点而又全面的培养。

①提高学生掌握健美操基础知识和技能的能力。

②提高学生健美操的学习和训练能力。

③提高学生健美操的竞赛能力。

④提高学生健美操的创编能力。

⑤提高学生健美操学习与训练计划制定的能力。

⑥提高学生的自我与相互评价能力。

（五）加强审美教育

在高校健美操教学中，审美教育具有很大的发展空间，它是一个帮助学生形成科学审美观念、培养美感和提高创美能力的教育过程。它是以健美操教学为主要途径和载体，对学生进行科学的审美观念、健康的审美情趣和较强的审美能力的培养。学生在审美教育过程中，不仅可以提高自身的审美修养和身心健康水平，而且还可以对健美操的学习得到审美的情趣和审美观念的积极指导。

二、健美操教学的任务

（一）认识类

①初步建立动作的正确概念。

②掌握动作的技术原理。

③初步掌握创编成套动作的一般规律。

④学会识别音乐节奏。

⑤初步掌握动作与音乐配合的技巧。

⑥初步掌握提高专项身体素质的理论与方法。

⑦增强自我保健意识，了解自我保健常识。

（二）技能类

①初步掌握动作节奏与动作方法。
②掌握动作技术细节。
③改进单个动作或连接动作技术。
④提高动作的熟练性。
⑤加大动作幅度的表现力。
⑥增强音乐感、节奏感。
⑦提高动作与音乐配合的一致性。
⑧增强柔韧、协调、弹跳、力量、耐力等身体素质。
⑨纠正错误的身体姿势。
⑩塑造健美形体。
⑪掌握运动后恢复的常用方法。

（三）情感类

①培养对健美操的兴趣。
②培养刻苦精神和顽强的意志品质。
③加强组织纪律性教育。
④培养认真细致、精益求精的工作作风。
⑤增强自信心。
⑥培养集体主义精神，增强合作意识。
⑦增强竞争意识。
⑧增强责任感与事业心。
⑨培养动作中的情感表现力。
⑩树立正确的审美观。
⑪培养创造性的思维方式。

（四）应用类

①培养灵活应用动作素材、随意创新编排组合的能力。
②初步掌握创编大众健美操教学组合动作的方法。

③初步掌握大众健美操成套动作的创编方法。
④初步掌握创编表演动作、组织表演活动的方法。
⑤培养语言表达能力。
⑥培养指挥配音练习的能力。
⑦培养分析和解决问题的能力。
⑧培养自我评价和相互评价的能力。
⑨提高对优美、高雅等美学特征的鉴赏能力。
⑩提高应变能力。

三、健美操教学的内容

健美操教学包括理论、技术、能力三方面的内容。

（一）理论教学

通过采用理论讲授、课堂讨论、教法作业以及电化教学（看录像）等形式，促使学生对健美操的特点和内容、健美操动作术语、大众健美操发展简况、健美操教学法、健美操组合与成套动作的编排方法、健美操一般动作的技术、健美操比赛的组织与裁判方法等方面的系统理论进行熟练掌握。

（二）技术教学

技术课教学的主要任务就是通过参与练习来促使学生更好地掌握健美操动作的要领、方法以及教学方法，培养学生正确的身体姿势，塑造健美的形体，提高学生的身体素质等。在技术课教学中贯穿理论知识的讲解，促进学生加深对理论的理解和动作技术与教法的掌握，采用各种方法培养各种能力，技术课的教学内容根据课的结构分为以下几类。

1.准备部分

(1)准备部分时间

一般为20分钟左右(以90或100分钟的课为例)。

(2)准备部分任务

尽可能快地组织学生,使他们集中注意力,对上课的内容和要求加以明确,并调动学生参与学习的积极性,促使学生振奋精神,以饱满的情绪开始一堂课的学习。做好准备活动,使身体各器官系统功能迅速地进入工作状态,一方面为基本部分的学习做好充分的准备,另一方面发展学生的体能,培养正确的身体姿势等。

(3)准备活动内容:在准备活动阶段,通常是以热身操的形式进行,内容主要以基本步法配合手臂动作为主的单个动作和组合动作。

2.基本部分

(1)基本部分时间

一般为60分钟左右(以80或100分钟的课为例)。

(2)基本部分任务

对新内容进行学习,并对学过的内容进行复习,促使学生掌握健美操知识、技术和技能,促使学生的身体素质得到发展,并对学生的综合能力进行培养。

(3)教学内容

徒手练习、借助于固定器械力量性练习。

①徒手练习。单个动作、组合动作、成套动作。

单个动作:身体各部位基本动作、基本步法及各种跳步动作。

组合动作:姿态组合、低冲击力组合、高低冲击力组合、高冲击力组合等。

成套动作:大众健美操1～6级等级动作、姿态健美操、青年健美操等。

②手持轻器械练习。手持杠铃、哑铃、环等轻器械进行的单个、组合及成套健美操动作练习。

③借助各种器械练习。利用垫子、踏板、健身球等器械进行的各种练习。

3.结束部分

(1)结束部分时间

一般为10～15分钟(以90或100分钟课为例)。

(2)结束部分任务

对教学活动进行有组织的结束,通过进行整理练习,来促使学生得以恢复到相对安静的状态。对课进行简单的小结,并布置相应的课外作业。

(3)整理练习内容

伸拉性放松练习;配合呼吸进行的放松练习;以弹动和抖动为核心的动作组编成轻松、活泼的放松操;局部按摩放松肌肉;借用气功、瑜伽理论,用意念放松身体等。

(4)结束放松学习

在进行了较长时间或较大强度的健美操动作之后,需要通过放松动作使紧张的肌肉和心理松弛下来,以便消除疲劳,恢复体力。

常用的放松动作主要包括以下几种。

①局部按摩放松肌肉。

②做缓慢的伸拉性练习放松肌肉。

③以弹动和抖动为核心动作,组成轻松、活泼的放松操,放松身体。

④做垫上团身滚动,放松背部。

⑤配合呼吸进行放松,例如,吸气时两臂向上、身体充分伸展。呼气时两臂放松下摆,同时由下至上,身体各环节依次放松。

⑥借用气功、瑜伽理论,用意念放松身体。

就健美操课结构方面来看,不能简单地将这三部分作为一个固定不变的模式来运用。一堂健美操课包括开始、结束以及中间过程，总要有准备活动和整理活动，所以这三部分是健美操课的基本结构。在具体教学实践中，健美操课的结构有很多种形式，无论是采用三部分结构，还是采用多段结构，都要与人体生理功能变化规律相符合。各部分或阶段之间要紧密衔接，有机联系，而且必须根据课程的任务、练习的内容和学生的特点灵活应用，不能千篇一律，更不能认为健美操课无结构、无合理顺序而言，因而随心所欲，而应从实际出发，讲求实效，采用适当的结构。

（三）能力的培养途径与方法

1.培养示范能力

在进行健美操教学时，正确优美的动作示范是教师最能调动和激发学生自觉投入学习的积极因素。培养动作示范能力，最主要的是培养学生正确、优美、独立地展示动作及准确、灵活运用示范点、示范面的能力。

培养示范能力常用的方法主要有以下几种。

①教师对不同动作所采用的示范面、示范点进行演示后，学生开始实践。

②组织学生观看健美操教学、表演及比赛的录像带。通过观看使学生对规范、优美的动作有进一步的理解，以提高动作的规格和表现力。

③通过采用固定姿态、改变动作节奏等方法学习并强化健美操基本动作，形成正确、稳定的肌肉感觉，达到示范的标准。

④让一个或几个同学在队前带领练习，可提高对自己的要求，更规范地完成动作。

⑤采用两人一组互相示范的练习方法，培养学生正确示范及示范面的转换能力。

2.培养讲解能力

在健美操教学中，讲解是在深刻理解和体会动作正确技术要领、表现方式、锻炼价值等基础上，所具备的一种语言表述能力。这一能力既要求对动作完成时身体各部位的方向、路线、幅度、速度、节奏、肌肉用力顺序进行准确的描述，并抓住其中的重点和难点，还要清晰地表述出动作的表现方式以及对身体的影响等。

培养讲解能力常用的方法主要有以下几种。

①在教师讲解动作之前，让学生将教师示范动作的名称、术语、动作过程等讲解一遍。之后，教师按讲解要求为学生讲解，通过教师与学生讲解的比较，使学生明确简明扼要、条理清晰的讲解在学习中的重要性和必要性。

②教师提出问题，使学生在示范中讲述完成动作的要领、要求和注意事项，讲解后教师给予评定，指出应改进的问题，并让学生总结后重新讲解。

③根据教学进度和教学任务，让学生评议本次课教学完成情况，并对评价提出要求：先进行总体评价，然后指出优、缺点，提出改进意见和希望。用此方法来提高学生的语言组织能力和讲解能力。

3.培养运用教法的能力

健美操课中，教法是指传授知识、学习动作技能、组织教学等方法。在很大程度上，教法的运用对健美操课教学效果的好坏有着决定作用。因此，对学生运用教学的能力加以培养具有非常重要的意义。

培养运用教法能力常用的方法主要有以下几种。

①让学生了解和掌握健美操教学中常用教学方法，即传授健美操知识的方法、组织教学的方法等。不仅要了解教法的种类、名称，还要了解各种教法的作用。只有全面地了解和掌握各种不同的教学方法，才能根据教学的不同需要灵活地运用。

②在健美操课上，教师要求学生注意观察教师的教法运用情况，课结束前让学生复述课上采用了哪几种教法，这些教法运用的时机如何，使学生加深对教法运用的认识。

③在健美操课上或在课外，让学生将自己创编的健美操教给本班同学，由本人或被教者写出教学过程中采用了哪些教法、采用的时机、教学效果等情况，以提高学生实际运用教法的能力。

4.培养观察、分析和纠正错误动作的能力

观察、分析和纠正错误动作能力的培养，关键在于培养学生善于发现课堂教学和完成动作时的问题，并分析其产生的原因和找出解决问题的方法。教师要有计划、有步骤地在课上为学生创造和提供实践机会。

培养观察、分析和纠正错误动作能力常用的方法主要有以下几种。

①通过观看比赛录像，让学生观察和分析每个运动员完成动作的特点，并集中对一套动作进行分析，指出其优、缺点。

②组织学生互相观察并分析和纠正错误动作。可以采用分组轮换形式进行观察，也可一帮一地练习和观察。

③由完成动作较好或完成动作较差的同学同时做练习，教师组织学生观察，之后进行比较与分析，指出优点和缺点所在，提出改进动作的方法。

④以优带差。教师可采用定人、定任务、定要求的三定方法，使学生在课上或课下进行互相帮助。

5.培养创编能力

对于能力来说，创编健美操能力是其中的重要内容，是学生学习和运用技术动作、音乐、健美操知识和审美能力的综合体现，也是健美操教学的一项重要任务。创编健美操是在掌握健美操基本动作和创编原则与方法的基础上进行的。

培养创编能力常用的方法主要有以下几种。

①先创编单个动作，在单个动作的基础上创编组合动作，在单个和组合动作的基础上创编健美操成套动作。

②对学生提出创编健美操动作的具体要求和组织实施方法，

组成小组，边研究边创编。也可分给每个学生不同的任务进行创编。

③以小组为单位，表演所创编的动作，由同学进行评定。

④在小组创编动作的基础上，按要求写出每节动作的名称、节拍和动作说明，并绘出单线条图。

⑤在各组创编成套动作完成后，组织全班交流，并进行评比和考核。

6.培养组织与裁判能力

在健美操运动中，组织能力主要表现为组织学生学习的能力、整队调队的能力、教学组织与运用的能力、组织学生进行表演和比赛的能力等。

裁判能力是根据健美操裁判规则，来正确评价学生动作完成情况的能力。

培养组织与裁判能力常用的方法主要有以下几种。

①让学生轮流负责每次课的集合、整队、调队、报告学生出勤情况等工作，培养学生的组织调动能力。

②把全班分成几个小组进行练习，由小组成员轮流组织学生进行练习，教师对各小组的组织情况进行评价，提高学生组织教学的积极性。

③在健美操课上结合裁判规则进行教学，既能使学生学习到动作的更高标准，同时也对其深入理解和运用规则具有重要的作用。

④组织各班进行小型比赛，学生互为表演者和裁判者。

⑤组织年级、各系及全校的教学比赛。同一年级的比赛，一部分同学为参赛者，另一部分学生为裁判员；全系的比赛可由高年级同学作为裁判员；全校比赛可由教师指挥，选出健美操骨干作裁判。

第二节　健美操教学的原则与方法

体育教学原则与方法是体育教学在长期实践过程中总结出来的客观规律,它对体育教学来说有着非常普遍的指导意义。在健美操教学中,应结合健美操所具有的特点,灵活运用各项教学原则和方法。

一、健美操教学的原则

(一)教师主导作用与学生自觉性相结合的原则

健美操过程是教师与学生相结合的双边活动,师生双方的自觉性与积极性是决定教学效果的重要因素,缺一不可,其中教师积极的主导作用更为重要。教师不仅要有很强的事业心,精通健美操理论、技术和教学方法,而且要善于启发诱导和调动学生的积极性。

①教师要以自身的敬业精神、认真负责的工作态度、良好的教学效果、丰富的知识、耐心细致的教态和有条理的教学组织去教育和感染学生,赢得学生的尊敬。同时,要将大众健美操的锻炼价值,开展意义向学生进行讲解,并启发学生树立积极的学习态度和学习动机。

②在健美操教学中,教师要处处都以“美”作为准则,以自己的言行、仪表美感染学生,以情绪饱满、谈吐高雅、举止大方、示范动作准确优美、服饰整洁合体,向学生树立一个良好的形式,促使学生学习健美操的兴趣得到提高。通过参与健美操实践,学生能够很好地感受其中的动作美、姿态美、情感美、音乐美,亲身经历这项运动对形体和气质的健美过程,进而产生浓厚而稳定的兴趣,使学生在健美操运动中积极主动地追求美、表现美,把努力学

习变成自觉的行动。

③教师要认真执行教学大纲、进度计划，认真钻研教材、教法，深入了解学生情况，在教学中从实际出发，抓住重点和难点，熟练运用教法，提高教学效果。

④教学中采用互相观摩、互教互学，经常进行必要的检查，对学生的进步给予充分肯定，指出不足之处，使学生对自己的学习和进步充满信心，从而有效提高学习的积极性和进取精神。

⑤在健美操教学中，如果学生缺乏积极性、自觉学习，那么教师的讲授就很难达到预期效果。教师要具有“学而不厌、诲人不倦”的精神，通过不断学习新知识来充实自己，在教学实践中运用最新的科研成果，以尽可能地做到科学化，体现先进性。在课程上要仔细观察学生，善于发现学生练习中迸发出的艺术火花和独创精神，并给予积极的培育和鼓励，善于从中得到启发，从而不断地改进教学。

（二）直观与思维相结合的原则

这是根据人们对客观事物和现象的认识规律提出来的教学原则。学生通过看示范、听讲解、做练习感知动作的技术，并通过思维活动对感知到的时间、空间、用力程度、用力节奏进行分析对比，强化正确的感觉意识，使之建立正确的动作概念。在贯彻这一原则时应注意“看、听、练”与“想”相结合。

①百闻不如一见，教师的示范动作是最生动的直观教学。为了使学生建立正确的动作概念，示范动作必须做得准确、优美、规范并且富于表现力，这对强化动作要领、迅速掌握动作技术具有十分重要的意义。为了加强示范效果，应当在示范动作前告诉学生重点看什么，启发学生“看”与“想”相结合；在教学中采用正误对比的示范方法，能够启发学生主动思考，积极地进行分析、对比、判断等思维活动，加深对技术的理解，提高分析问题的能力。为了扩大学生的知识面，弥补教师示范的不足，还可采用图片、幻灯、录像等直观教学手段，让学生接受更多的图像信息。

②通过进行生动、形象的讲解既能够达到直观的作用，同时又能启发思维活动。在健美操教学中，教师通过运用生动、形象、简明、易懂的语言来讲解或提示动作方法、动作要领、规格以及用力技巧，这样能够很好地帮助学生理解正确的动作技术。在讲解中通过对韵律、意境的描述，能够启发学生的想象力和表现力，积极地进行思维活动，发展他们的想象力和独创精神。

③“想”“练”结合。在学生看示范、听讲解初步建立了动作形象的概念之后，只有通过反复练习才能真正掌握动作技术。在练习中，每次练习前有明确的目标，练习中保持清醒的头脑，努力按正确要领完成动作，练后要找出不足，仔细观察同伴的动作，进行分析对比，想想下次该怎么做。运用“想”“练”结合的方法能够深入理解运动原理，快速掌握动作技术。

（三）循序渐进的原则

健美操有着非常多的内容，在对其教学内容、教学顺序以及运动量进行掌握和能力培养等方面，贯彻循序渐进的原则是非常重要的。

①教材的安排应由易到难、由简到繁、由单动作到组合成套动作、由基本动作到难度动作，逐步提高。在教学内容的搭配方面，既要考虑分类系统教学的纵向关系，又要考虑各类动作技术和各项身体素质相互迁移的横向关系。在教材衔接上要承前启后，使先学动作成为后学动作的基础，不断扩大教材的深度和广度，使教材具有系统性、科学性和循序渐进性。

②教学步骤一般应按照由简单步伐练习到基本动作练习，由原地练习到行进间练习，由局部动作到全身动作，由慢节奏到正常节奏，由单动作到联合动作，由联合动作到组合成套练习，由口领指挥练习到配合音乐伴奏练习这样一个循序渐进的教学程序进行。

③课的运动量大小与一次课中完成的动作数量、动作时间、动作难度、动作密度、负荷强度成正比。在健美操教学课中，应根据学生的身体素质、身体状况和技术水平来对运动量的大小进行

确定，一般依据小到大，大、中、小相结合，按照适应→加大→再适应→再加大的规律，有节奏地逐步增加，不可操之过急。

④在健美操教学中，要将培养学生的能力作为重要的教学内容和教学任务，并贯彻始终，同时随着教学内容的不断增加而得到不断深化。各种能力的培养也要由易到难逐步增加，加大培养力度，使之能够与技术水平、理论水平达到同步增长。

（四）身体全面发展的原则

健美操有着很多动作类型，对身体来说，各类动作所具有的锻炼价值是不一样的，在健美操教学中要对各类教材的锻炼价值和技术特点加以考虑，对教学内容进行合理的安排，促使学生在对各类动作技术进行全面掌握的同时，身体也能够得到全面发展。具体操作时应注意以下几个方面。

①在对教学大纲的进度进行制定时，要注意各类教材之间的搭配要均衡，以更好地促使学生对各类动作技术进行全面掌握。

②在安排每次课的内容时，既要突出本次课的重点，又要注意使身体各部位的动作交替进行，使各项身体素质均衡协调地全面发展。

③在健美操教学中，考核具有检查促进作用，在确定考核项目和内容时应考虑全面发展身体的因素，考核内容应包括各种项目及各类型基本动作技术，使学生在复习考核动作的过程中，各种身体素质、身体机能和各类动作技术得到全面提高。

（五）巩固与提高相结合的原则

从动作技能形成的规律来看，学生初步掌握的动作技术和技能，只有通过不断巩固和提高，使其进一步完善和深化，在大脑中牢固地建立了动力定型，才能够在运动实践中运用自如。因此，在教学中必须贯彻巩固与提高相结合的原则，并注意以下几点。

①每个动作的练习时间都必须是足够的，以保证能够对正确技术加以多次重复练习，从而在大脑中建立一个稳固的动力

定型。

②在具体实践中，健美操动作并不是始终不变的，要促使运动技能能够在千变万化的组合成套的动作中得以稳定的表现出来，就必须在练习中变换方式，通过改变动作的开始、结束姿势，改变动作速度、节奏、力度和连接技术，使已获得的运动技能适应各种条件的变化，逐步达到运用自如。

③组合成套是健美操的主要练习形式。将所掌握的各个单个动作按照音乐的节奏有机地编排成具有完整结构的组合成套的形式来加以练习，能够有效地增强练习者的协调性、韵律感和表现力，使已掌握的运动技能得到更进一步的巩固和提高。

④通过考核、表演或教学比赛等形式，促使学生对已学过的健美操动作进行系统复习，提高熟练性，这是巩固和提高运动技术最有效的教学环节和方法手段。

二、健美操教学的方法

教学方法是教师在教学过程中，为了更好地将健美操知识、技术和技能传授给学生，促使学生各专项能力得到发展所采用的方法和措施。在健美操教学中，常使用的教学方法主要有完整法与分解法、语言法、观察法、教学与练习方法。各种教学法又包括一些具体方法。

（一）完整法与分解法

1.完整法

所谓完整法，是指针对所学动作，教师进行完整教学；完整的动作示范和讲解、练习，以促使学生形成正确的完整动作的概念。例如，大众二级健美操组合一，用完整法进行讲解、示范和练习，这种方法有利于对动作结构、节奏和连接技术的了解。完整法广泛使用于那些对于学生的技术水平相对简单易学的动作。

2.分解法

所谓分解法是指，对所学动作，教师将其划分成几个能够进行单独练习的部分或段落来进行教授，进行分解讲解、分解示范、分解练习。分解法可使复杂的动作简单化，有利于掌握各个环节的细节。但分解法运用之后，还需运用完整法，进行完整动作的练习。例如，在学习三级组合——先教腿与脚的移动，再教手臂动作，然后进行完整动作的练习。分解法适用于复杂的单个动作及组合成套动作的教学，在纠正错误和提高动作质量时也可广泛运用。

在健美操教学中，完整法与分解法要紧密结合、交叉使用，并且贯穿在其他教学方法中。

（二）语言法

语言提示的内容包括要做什么、向什么方向做、什么时候开始做、重复次数、怎样做和激励。

“倒数法”是每个教师应掌握的最基本的语言提示技巧。“倒数法”即在动作开始前或换动作前，用从后向前数的方法提示学生的方法，如“4，3，step touch”“4，3，2，换动作”“4，3，2，向前走”等。用“顺数”的方法，学生并不清楚到底应该数多少，因为在“1，2，3，4”后还有“5，6，7，8”，而在“5，6，7，8”后还可能有“1，2，3，4”，但用“倒数法”可以非常明确地告知学员什么时候要换动作了，造成一定的心理定势并提示其做好准备。

利用“倒数法”可提示练习的最基本信息，如做什么、向什么方向做、什么时候开始做和重复次数等，如“4，3，向右 4 次吸腿”，在这个提示中包含了所有上述信息。“倒数法”的运用还应特别注意节奏的掌握，应把它与音乐节拍融为一体，最常用的“倒数法”的模式是“4（空拍），3（空拍），做什么，（空拍）”，这种提示法一定要在 8 拍的第一拍开始，最后一个空拍正好是动作提示的结束、新动作的开始。在最后一拍可加入“击掌”“go”或感叹词等。像手臂动作的介绍可以用以下提示“4（空拍），3（空拍），手臂上推，（空拍）”。如表 3-1 所示。

表 3-1　手臂动作提示

音乐节拍	1	2	3	4	5	6	7	8
例 1	4		3		手	臂	上推	
例 1 变化	4		3		手	臂	上推	拍手
例 2	4	3		左	右	换臂		
例 2 变化	4		3		左	右	换臂	Hup

在将要变化动作前发出口令，即有一定的“提前量”是很必要的。1 或 2 拍所投入的信息量非常有限，如倒数到 1 然后提示下一个动作时会发现时间不够用，提示很仓促。因此，要注意所提示的内容清晰、精确、到位，并且要提前些，这样才会有准备。

语言提示还可用来提示所完成动作的质量和技术，即“怎样做”。像“加大步幅”“手臂伸直”“提高腿”等都是来提示怎样做才能达到动作要求的。同时，也可提示练习的强度、速度、节奏或身体的状态和站位，像“膝部放松”“腿分开”“重心提高”等。

另外在课中语言提示也常用来激励和教育学生。例如，用高低音提示关键部分内容，提高音调引起学生注意，学生累了用高音来刺激他们。

为有效地在课中运用语言提示的教学技巧，应遵循下列要求。

①运用“倒数法”而不是“顺数法”。

②应有一定的“提前量”，给学生一定的反应时间。

③提示应口齿清晰，动作名称叫法正确，并要在课中统一规范化。

④提示应与音乐融为一体，要有一定的节奏。

⑤尽量使用正面的语言，如是“抬头”而不是“不要低头”、是“腿伸直”而不是“不要屈腿”。

⑥避免使用含义模糊的语言，如不是“开”，而应是“手臂打开”，或是“胸打开”。

⑦可利用房间四周的物品来帮助提示动作方向，如“面向窗”

比“向右转”意思更明确。

⑧比较难的节奏应数出来。

非语言提示：非语言提示有标志和符号、面部表情和视线接触、身体语言，等等。

(1)标志和符号

用于显示方向，如可用镜子、窗子和钟表等具体事物来作为参照物。

(2)手势

利用手势来提示动作是健美操教师最常用的教学技巧，也是教师应具备的教学技能。手势的恰当运用有以下益处：减低声带受损的危险；使你在音响设备不好和参学者较多的情况下仍能达到良好的沟通；可以使一些听力有障碍的人也有机会参加有氧操练习；还可以用拍手、竖大拇指等动作充分地来表示赞许等心理。

手势常用来提示下一步将要变化的方向或动作重复的次数。目前，已经有一些大家公认的手势动作，每个健美操老师也会有自己独特的手势指导方式。

熟练地运用手势，并与语言提示相结合是上好一堂健美操课的重要保证。

(3)面部表情和视线接触

教师的风格大部分显露在其面部表情上，微笑、眼神对视、点头或其他姿态有助于鼓励学生，课前、中、后都要经常的与学生回应眼神与微笑，并且是发自内心而真诚的。

(4)身体语言

身体语言是沟通的重要组成部分，在教学中运用正确的肢体语言和合适的身体位置来演示新的动作，可在课中走动起来及站在学生一侧来让他们模仿你的肢体方位。

(三)观察法

在健美操教学中，学生通过看示范动作、看图片、看动作录像等方法能够获得生动、真实的动作形象。

1.示范法

教师或指定的学生以准确的动作示范向学生演示动作形象、结构、要领和方法,使学生获得清晰、具体的动作形象,有利于激发学习热情,更真切地模仿动作,更快建立正确的动作概念。

(1)示范的要求

示范要有目的性,要根据教学的具体任务确定示范的目的、任务、示范方法及观察重点。例如,为了让学生掌握动作细节,采用重点示范的方法,配合必要的语言提示,让学生随着教师的思路看得更清楚,从而加强示范的效果。

示范动作要力求技术正确、姿态优美、节奏鲜明、富有表现力,使学生能够清楚地看到正确动作的完美形象和技术规格。

(2)示范方法

完整示范:在进行完整的单个动作或成套动作教学时,采用从预备姿势到结束姿势整个动作过程的完整示范。

分解示范:在分解教学中,按教学步骤,示范动作的某个部分或身体某一部位的动作。例如,示范转体的起动动作、示范腿的动作。

领做示范:在初学单个动作或组合动作时,领做是必不可少的教学方法。教师在队伍的前边领着做,学生跟在后边模仿或跟着一起做。领做具有示范和提示的双重作用。

重点示范:根据动作的教学或纠正错误的需要,重点示范某一技术环节或成套中的某几个动作的连接技术。

正误对比示范:由教师或指定学生做示范,既演示正确动作,又演示错误动作,并且进行对比分析,让学生知道错在哪里。常用于纠正错误时。

各种示范都可根据需要采用放慢速度的方法进行,配以必要的讲解,让学生看清楚技术细节;或按正常速度示范,给学生建立正确的动作概念。

(3)示范的位置和方向

示范确定位置以让学生看清楚为原则,根据学生所站的队形来确定示范位置。一般的体操队形，教师应站在正前方居中，横排队形，教师站在等边三角形顶端。若是四列或更多列横队，可让前排的学生蹲下，使后排的学生也能看清。还可将多列体操队形分成前后或左右两半，两部分学生相隔 3～4 米对立，教师在中间做示范。在圆形队形上，教师应站在圆内，沿内圆行进做示范。

示范的方向要根据动作而定。如肢体左、右移动的动作采用镜面示范，肢体前、后移动的动作采用侧面示范。领做一般采用背面示范，教师应站在学生的前方领做，当动作方向改变时，教师要及时更换领做的位置。

2.图示法

利用健美操的动作图解、动作照片、动作路线示意图或队形变化示意图进行教学可以弥补讲解的不足，有助于学生对身体各部位姿态、动作的技术规格、身体与器械配合的技术细节以及场上移动方法与效果的理解，有助于提高学生学习的积极主动性。

3.电化教学法

科学技术的发展为大众健美操教学提供了现代化的教学手段。教师可利用幻灯、录像、电影等手段进行形象化教学。这些手段能够弥补示范动作的不足，能够传播更多的技术信息。例如，播放大众健美操成套动作录像，或将自己编的动作录下来进行分析。采用重放、慢放、定格等操作方法，使所要观察的动作看得更加清楚。这些方法有助于加速掌握动作技术，开阔学生眼界，了解更多的技术信息，丰富专业知识，增加学习兴趣。

（四）教学与练习方法

健美操常用的教学方法有线性渐进法、金字塔法、递加法、连接法、过渡动作法和分解变化法共六种。

1.线性渐进法

这种方法是一种不会发展成组合或套路的最简单的自由式教

学方法。在把动作顺序串起来时，线性渐进法每一次只做一个小小的改变，这些变化可以是上肢动作，腿部动作或加入变化因素。

例如：（符号部分为变化因素）

节拍	动作	下肢动作	移动	方向	上肢动作
1～32	A	16×侧并步 step touch	原地	面朝前	自由摆臂
1～32	A	16×侧并步 step touch	原地	面朝前	臂屈伸*
1～32	B	8×侧并二步 double step touch*	侧移动	面朝前	臂屈伸
1～32	B	8×侧并二步 double step touch	侧移动	面朝前	屈肘上提*
1～32	C	8×交叉步 grapevine*	侧移动	面朝前	屈肘上提
1～32	C	8×交叉步 grapevine	侧移动	面朝前	前伸*
1～32	D	4×交叉步接后屈腿 3 次*	侧移动	面朝前	前伸
1～32	D	4×交叉步接后屈腿 3 次	侧移动	面朝前	自由摆臂*

总之，从基本动作中选择动作加入变化因素会使你产生无穷的创造力，多样性是关键。在线性渐进中，从上一个动作过渡到下一个动作必须是容易跟上的，再加上预先提示、均衡地选择动作类型和身体平面，这样的线性过渡才是有效的。

2.金字塔法

像金字塔形状一样，是一种重复单个动作次数的方法，既可以逐渐增加也可以减少。正金字塔法是逐渐增加重复次数，同时要适合音乐节奏并且进展很轻松；倒金字塔法是减少重复次数，增加了组合动作的复杂度。金字塔教学方法的主要优势是使学员专注于动作、身体姿态、动作技术和练习强度。

正金字塔　　倒金字塔

开始　　开始

结束　　结束

例如：

侧点地 tap side　　蹲（并腿/分腿）

1R+1L 至 2R+2L 到 4R+4L 甚至到 8R,8L	8 并腿蹲+8 分腿蹲 至 4 并腿蹲+4 分腿蹲
又如：	
侧点地接吸腿 tap side+knee up 1tap side R+1knee upR 1tap side R+1knee upL 到 2tap side R+2knee upR 2tap side R+2knee upL 甚至到 4×每一个动作	同正金字塔但重复次 数相反“从 4 到 2 到 1”

其中,R 代表右,L 代表左。

3.递加法

每一次只能加一个动作,如:A,A+B,A+B+C,A+B+C+D。无论你教到哪一段动作,用递加法都要回到开始的动作即 A。值得注意的是在整节中也可用递加法来连接不同的组合,如:组合 A+组合 B。

递加法是很简单的教学法,问题是加入的动作太多就很难回想起前段动作,很难回到开始一点,即 A 动作,建议最多用 4~8 个动作。

例如：

教 A 动作	跑步 jog(向前/向后)	8jog(Fwd/Bwd)
教 B 动作	侧并步 step touch(原地)	step touch(OTS)
把 A 和 B 动作连接		8jog 4step touch
教 C 动作	3 侧点开+开合跳 1 次	3tap side+1jumping jack
把 A,B 动作和 C 连接		8jog 4step touch 3tap side+1jumping jack
教 D 动作	交叉步	8jog 4step touch 3tap side+1jumping jack 2grapevine

4.连接法

连接法通常称为“部分到整体”法，是A和B动作教会后连起来，C，D动作一样，最后把A+B动作和C+D动作连接，产生一个四个动作的组合套路。再可以进一步连接E+F和H+I从而发展出一个很长的组合套路。

例如：

教A动作	向前/后走4步	walk Fwd/Bwd
教B动作	侧点地 tap side	
连接A+B		1walk Fwd/Bwd 4tap side
教C动作	开合跳	jumping jack
教D动作	侧并步	step touch
连接C+D		4jumping jack 4step touch
最后连接A+B动作和C+D动作		1walk Fwd/Bwd 4tap side 4jumping jack 4step touch

5.过渡动作法

这一方法包括过渡保持法和过渡动作去除法。

(1)过渡保持法

过渡保持法是在教复杂动作和新的组合之前加入一个简单的过渡动作的方法，其主要目的是保持学生的心率不下降，或当你需要给你自己或学生脑子休息一下的时候让你获得时间调整一下，也给学生看清动作并赶上动作。过渡动作可插入你所教的动作之间，见表3-2所示。

加入的过渡动作可供选择的有踏步 march，侧并步 step touch，跑步 jog，在教复杂动作之前过渡动作的选择应与复杂动作结构相似，国外流行用一个组合动作(32拍组成)作为过渡组合穿梭于每个较复杂的组合之间，在教高级班时，能够有机会有时间考虑下一个复杂动作，但这个过渡组合必须简单易学并易于记忆。

表 3-2 过渡动作示例

A 动作 2 交叉步	2grapevine
B 动作 2 侧并两步	2double step touch
然后加入过渡动作跑步就变成：	＋jog
A 动作 2 交叉步	2grapevine
过渡动作 8 跑步	8jog
B 动作 2 侧并两步	2double step touch
过渡动作 8 跑步	8jog

(2)过渡动作去除法

与上面的教学技巧正好相反，上面的方法教组合时每一个动作之间保留着过渡动作，接下来逐渐去掉过渡动作以便达到最后的成果。当教复杂动作时，过渡动作被看作一个“舒适时段”。但组合中过渡动作太多也会感到很累、很枯燥，在最后完成整套组合前必须去掉过渡动作。去掉过渡动作使动作组合呈现出更多多样性。上课就会更有趣、更有吸引力、更扑朔迷离。

例如：

教 A 动作　　动 V 字步转 360°接倒 V 字步(即 A 字步)

过渡动作　　4 次 V 字步(面朝前)

教 B 动作　　向前走三步依次抬膝三次转 180°(面朝后)

　　　　　　接向后走三步依次抬膝转 180°(面朝前)

过渡动作　　4 次 V 字形(面朝前)

然后去掉过渡动作，变成：

A 动作　正 V 字步转 180°接 A 字步

B 字步　向前、后走三步依次抬膝三次并转身 180°

选择 V 字步作为过渡动作是考虑到 V 字步与 A 的动作相似易记，又是基本动作，简单易学。

6.分解变化法

分解变化法是一种教学单一动作的方法，即把复杂的动作分解成最原始的形式进行教学再逐渐增加变化的方法。分解变化是健美操教学中“保证学员能跟上动作”的最基本的教学方法，在教一个无论其简单还是复杂的动作时，首先要辨认出这个动作的原始形式是什么，从这个最简单的动作开始练习。在学生已经很熟悉这个动作的基础上，再加入一个变化因素并反复练习，在学生熟练后，再加入另一个小小的变化因素并反复练习，以此类推直到完全掌握你所编排的动作，见表 3-3 所示

表 3-3　分解变化法示例

动作	原始形式	教学过程
V 字步 V step	踏步 march	march-easy walk-V step
侧交叉步 grapevine	侧并步 step touch	Step touch-double step touch-grapevine
侧并步 L 形	侧并步 step touch	Step touch-step touch L shape-step
Step touch L shape		Touch L shape＋两臂交替上举
同时两臂交替上举		或者 Step touch-step touch＋两臂交替上举 Step touch L shape＋两臂交替上举

在实际教学中，分解变化法应和其他教学方法综合运用。例如：你想教下面一个组合动作，可有两种方式。

组合动作：　向前/后走 3 步吸腿　1 walk Fwd/Bwd knee
2 侧交叉步　2 grapevine
4 侧并步 L 形　4 step touch L shape
4 侧点地(单单双)　4 tap side SSD

(1)先进行单动作练习并加入所有变化后，再连成组合动作

教 A 动作：踏步 march
向前/后走步 walk Fwd/Bwd
向前/后走 3 步吸腿 walk Fwd/Bwd knee

教 B 动作：侧并步 step touch

侧并二次 double step touch

侧交叉步 grapevine

侧交叉步 grapevine＋上肢动作

A 动作＋B 动作：

向前/后走 3 步吸腿 walk Fwd/Bwd knee

侧交叉步 grapevine＋上肢动作

教 C 动作：侧并步 step touch

侧并步 L 形 step touch L shape

侧并步 L 形 step touch L shape＋上肢动作

教 D 动作：侧点地 Tap side

侧点地 tap side SSD

侧点地 tap side SSD＋上肢动作

C 动作＋D 动作：

侧并步 L 形 step touch L shape＋上肢动作

侧点地 tap side SSD＋上肢动作

A＋B＋C＋D 动作：

向前/后走 3 步吸腿 walk Fwd/Bwd knee

2 侧交叉步 grapevine＋上肢动作

4 侧并步 L 形 step touch L shape＋上肢动作

4 侧点地（单单双）tap side SSD＋上肢动作

（2）先把基本动作联成组合动作，再在其基础上变化

教 A 基本动作：踏步 march

教 B 基本动作：侧交叉步 grapevine

A 基本动作＋B 基本动作：

8 踏步 march

2 侧交叉步 grapevine

教 C 基本动作：侧并步 step touch

教 D 基本动作：侧点地 tap side

C 基本动作＋D 基本动作：

4 侧并步 step touch

4 侧点地 tap side

A+B+C+D 基本动作：

8 踏步 march

2 侧交叉步 grapevine

4 侧并步 step touch

4 侧点地 tap side

加入 A 动作的变化：

1 向前/后走 3 步吸腿 march Fwd/Bwd knee

2 侧交叉步 grapevine

4 侧并步 step touch

4 侧点地 tap side

加入 B 动作的变化：

1 向前/后走 3 步吸腿 march Fwd/Bwd knee

2 侧交叉步 grapevine+上肢动作

4 侧并步 step touch

4 侧点地 tap side

加入 C 动作的变化：

1 向前/后走 3 步吸腿 march Fwd/Bwd knee

2 侧交叉步 grapevine+上肢动作

4 侧并步 L 形 step touch L shape

4 侧点地 tap side

加入 D 动作的变化：

1 向前/后走 3 步吸腿 march Fwd/Bwd knee

2 侧交叉步 grapevine+上肢动作

4 侧并步 L 形 step touch L shape

4 侧点地(单单双)tap side SSD

总之分解变化法是逐步进行的，每次只改变一个动作，改变太多学生会感到困难而跟不上。

（五）教学方法的应用

在理解和掌握以上教学方法之后便会发现，教学方法有很多种，但一条学习曲线会帮助教完所有组合动作，如分解变化法—递加法—倒金字塔法—过渡动作法，每个八拍练习动作都伴有教学方法。

在健美操课堂教学中，所选择的教学方法将成为其中的一个非常重要的因素，它能够引导学生进行完整个学习过程。当教完组合时，由于学生一直跟着教师，对学生来说完成这些多样性的动作变得很容易，也从教学进程中获得益处。教学方法是多样的，你必须不断实践，从每个方法中学到最多的东西，这些学到的东西也只有通过实践才能运用自如。

第三节　新时期健美操教学改革策略

一、以创新教育为指导思想构建新型健美操教学模式

（一）课堂教学多样化

在健美操教学中，课堂教学的多样化主要从以下几个方面体现出来。

1.教学内容要多样化

教学内容除了要包含健美操理论课的教学内容之外，还要包含健美操实践课的教学内容和辅导教学内容。

2.教学艺术要多样化

动作示范要具有优美性，语言表达要讲究艺术性，要善于启发学生的创造性和灵感。

3.教学形式要多样化

新型的健美操教学模式，既要有理论与实践相结合，同时也要教师和学生相结合、教师传授和学生的自学相结合等。

(二)教学方法多样化

在健美操教学中，课堂教学方法的多样化是指健美操教授方法和学习方法要多样化。

所谓教授方法的多样化，是指健美操教师在健美操教学过程中授课的形式要多样化，可以采用演示法、矫正法、讲授法和读书指导法等。

所谓健美操学习类方法的多样化，主要是指在健美操教学中教师组织学生学习健美操技术和理论时方法要多样化，不要局限于传统教学模式，可以适当地结合一些其他类型的学习类方法，如采用练习法、实习作业法、游戏比赛法、自我比较法等。

(三)学生学习自主化

在新型的健美操教学模式中，教师要采用记忆学习内容、分析动作原理、学生互评纠错等形式提高学生思维能力；通过组织学生讨论问题、复述动作方法或动作要领、讨论问题、口令及讲解等提高学生语言表达能力。

(四)考试成绩综合化

在评价学生学习健美操课程效果方面，要综合化，考核主要根据学生的平时成绩和期末成绩。平时成绩要包括学生的学习态度、考勤情况的考核，同时也包括学生的学习热情、进步幅度等方面的考核。期末成绩既要有理论考试和技术考试，又要有创编考试。

(五)教学实践系统化

健美操教学实践要科学化、系统化，让学生通过创编个人动作、创编集体动作、创编准备活动等来提高他们的创编能力；也可通过让学生领操、部分课的实习、全部课的实习等来提高他们的组织教学能力。

通过上述分析，可以构建出以创新教育作为指导思想的新型的健美操教学模式，如图 3-1 所示。

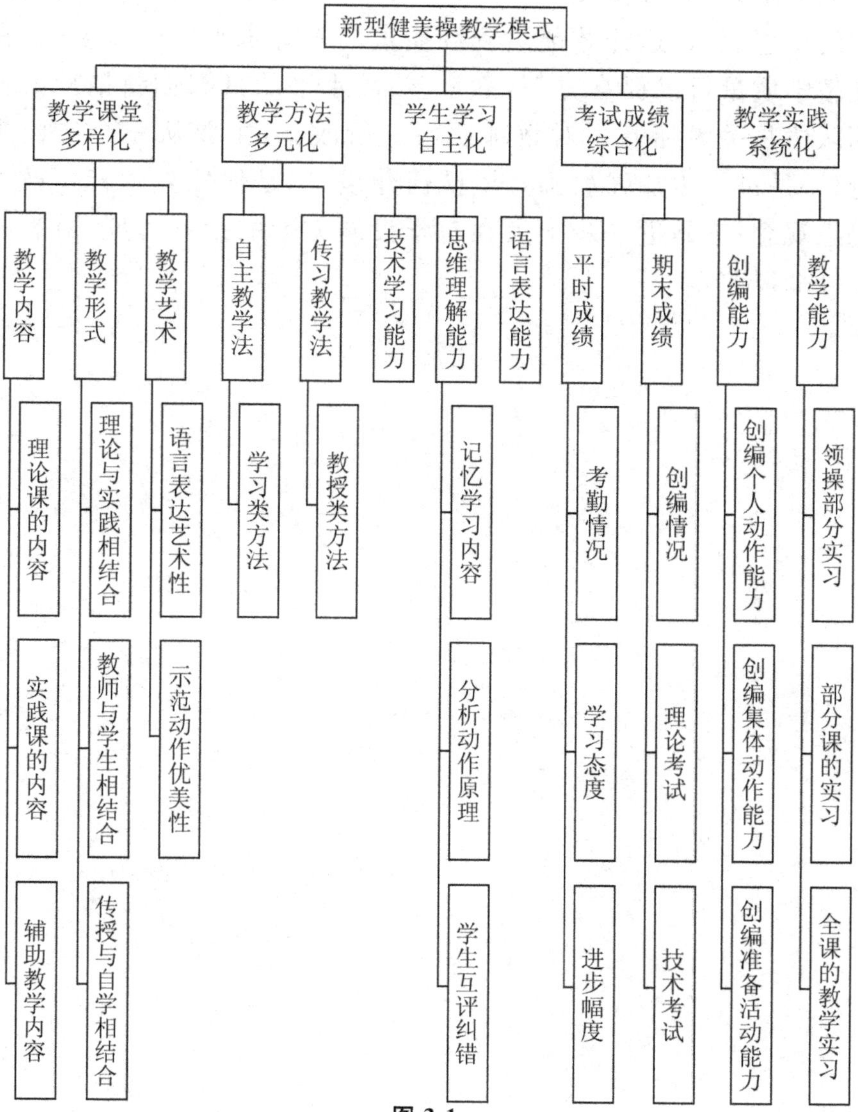

图 3-1

二、加强教师队伍建设，提高师资队伍素质

在组织教学方面，教师是核心，同时教师也是健美操教学改革成败的关键因素。教师既可以成为教学改革的动力，同时也可能成为阻力，只有促使教师的素质得以不断提高，转变教师的陈旧的思想观念，这样才能达到高质量的教育水平。所以说，在促使教学质量得以提高方面，高素质、高水平的具有创新精神的教师队伍是关键所在。对教师队伍进行改革，主要从三个方面进行，一是进一步加强教师师资队伍建设；二是促使教师转变教学思想观念；三是进一步加大在教学设施方面的投资力度，对教学条件加以改善。

第四章 现代健美操教学课程组织与优化

现代健美操教学课程不仅关系着健美操教学的效率和质量，还关系着学生的学习积极性和参与程度，对健美操运动的发展和推广都有深远意义。为此，本章以现代健美操教学课程的组织与优化为研究对象，依次对现代健美操教学新思想与新理念、健美操教学课程的组织与实施、健美操教学中的学生人文素质培养进行阐析，从而促使现代健美操教学更好地服务于学生的健康发展。

第一节 现代健美操教学新思想与新理念

一、现代健美操教学模式的新思想与新理念

（一）创新现代健美操教学模式的指导思想

深入分析教育发展的时代方向，牢牢把握现代健美操教学实际倡导素质教育。在积极培养和提高学生的健美操技能时，应当结合学生的身心素质来开展多项训练，自始至终都把培养学生整体素质当成教育指导。在健美操教学模式的创新过程中，应当自始至终都深入贯彻时代性的指导思想，立足于现代健美操教学的各个方面来全面提高学生整体素质，努力脱离传统的教育思想，大力支持学生自觉成为健美操教学的参与者，主动探索崭新的健美操形式以及练习手段，从而指导学生联系自身需求对现代健美操教学提出可行性建议，从而有效提高学生的综合水平。

（二）创新现代健美操教学模式的教学目标

密切联系现阶段的时代背景，设立新型教育发展目标，同样是创新健美操教学模式的关键性内容之一。在健美操教学过程中，应当结合学生的具体情况来制定出行之有效的教育目标，从而避免教学目标空洞化与理想化。与此同时，教师还需善于结合实际的教学阶段、实力总体目标以及阶段性目标，通过阶梯递进式来激励学生主动参与到健美操运动教学中，激发和提高学生对健美操的学习兴趣，为健美操教学效率的提高打下坚实的基础。

（三）创新现代健美操教学模式的教学方法

健美操教学要实时把握时代发展的动态，结合当前的社会背景，大胆创新教学方法。在具体的健美操教学中，教师可以引进小组、层次化和竞争式的教学方法，在健美操课堂上，积极培养锻炼学生的协调沟通能力和责任意识，并刺激他们保持良好的竞争心理鼓励自己积极参与健美操学习。

除此之外，在创新现代健美操教学方法的过程中，也应当积极运用多媒体技术，从而使健美操教学方法更加多样化。例如，在课堂上展示新型的健美操视频，对学生的学习思维以及练习思路进行启迪，也能够通过文档演示把健美操学习的常见流程向学生讲解，促使学生能够清晰掌握健美操的整体流程，从而对学生自我完成阶段式地提升发展产生刺激作用，使得现代健美操的教学效率与教学质量得到有效改善。

（四）建立有效的高校健美操教学模式评价体系

完善的评价体系支持同样是创新健美操整体教学模式不可或缺的内容。学校可以针对自身健美操教学的具体安排和实际情况，对健美操教师和学生展开不同的教学评价。例如，让学生评价教师的教学方式和教学理念，让教师进行互相评价，或者以相应的考核标准对学生学习进行相关评定，以此来保持健美操教学中学生和教师的积极性，维持健美操教学发展的前进姿态，促进健美操教学模式的创新提升。

二、现代健美操教学方法的新思想与新理念

（一）结合学生个性差异因材施教，坚持个性化

在体育教学中，学生是体育教学的主体，其不但是受教育者，而且还是体育教师的教学效果能够达到预期目标的关键。因此，在现代健美操的教学实践中，体育教师应当积极转变教学观念，摆正学生的主体地位，不可单方面讲授而忽视学生掌握和应用的实际情况。但是，因为不同学生之间常常会有多方面的个体差异，并且每个学生的健美操基础常常不尽相同，所以教师在教学过程中应当主动顺应新课程改革的具体要求，始终遵循因材施教的原则，从而营造出生动愉悦的教学氛围，最终形成教师和学生良好互动的效果。

（二）运用多元化的教学方式，营造活跃的课堂氛围

从本质来说，现代健美操运动属于一项以身体姿态与音乐搭配融合来完成的运动项目，其包含的所有基本技术并不是孤立存在的，只有在综合运用的情况下才能发挥出最佳效果。

因此，在教学过程中教师要对技术动作进行严格规范，实施规格化教学，持续为后期学习高难复杂技术与快节奏音乐的配合做好铺垫，从而为初步构建学生的健美操意识奠定稳固的基础，并且与教学任务的实际需要有机结合，在逐步进行的教学表演中帮助学生提高技术，并逐步理解动作的实质和伸展规律，推动学生正确动作概念的建立。一般来说，传统教师教学的模式更容易让学生出现逆反心理以及厌倦情绪，学生学习效率较低的可能性更大。但是，现代健美操教学不仅能让学生掌握基本动作与简单组合，也尤为重视学生形态气质练习以及基本功练习，能够让学

生在音乐中学会动作，在练习过程中达到提升身体素质的目标，推动学生深刻理解锻炼身体的深远意义。

（三）培养完善的思维模式和自主探究能力

伴随着新课程改革的推行与实施，向体育教学提出的要求是必须培养全面的和综合性的人才，所以在现代健美操教学中要重视培养学生在思维模式和自主探究方面的能力。教师要依照教学大纲，灵活采用新型的授课方式与多样化的教学方法，进而激发和提高学生对学习现代健美操运动的学习兴趣，同时还需要对学生的心理进行针对性的调控，在强化基本技术教学的基础上进一步发展学生的基本功。

观察意识与思维模式，不仅是培养学生学习一项技术的基本技能，而且还是学生动作定型的根本前提，原因在于人体生理结构的很多机能都是通过后天观察、思考以及锻炼得来的。在现代健美操的教学实践中也是这样，在教学过程中应当把培养学生观察能力摆在重要位置，不断拓宽学生的视野，在表演过程中积极练习，在练习过程中不断接受实战检验，在教学比赛过程中主动尝试运用实地考核与互相比赛的方式，从而使学生的观察能力与随机应变能力得到有效改善，全方位地反映学生技术动作的熟练程度以及队员团结协作的深远意义，如此才能够有效完善学生的思维模式，同时向着合理方向持续发展。

第二节　健美操教学课程的组织与实施

一、健美操教学课程的课程类型

（一）学校健美操课

以内容和性质作为划分依据，能够将学校健美操课划分成健美操理论课和健美操实践课，具体如下。

1.理论课

健美操理论课往往是借助讲授、课堂讨论、电化教学等多种手段，来推动学生深入掌握健美操的基础知识、原理、方法、竞赛组织、裁判等很多方面的系统理论。制定健美操教学的教学内容能够将各个院校的教学计划和教学大纲作为依据。健美操理论课的内容如下。

①健美操概述，即健美操的定义、分类、特征、意义、功能、发展概况。

②健美操术语，即术语的概念、内容、构成和记写方法、运用及运用时应注意的问题。

③健美操基本动作，即基本动作概念、基本动作特点与作用、基本动作的主要内容。

④健美操动作绘图技法，即绘图的意义和作用、绘图的种类和学习表现形式、单线条图的绘画方法、动作的完整记写方法。

⑤音乐知识及欣赏，即音乐知识简述、音乐的基本表现手段、常用的音乐种类、音乐的选择与剪接、音乐欣赏。

⑥健美操教学法，即教学的任务、特点、常用的教学方法、手段及运用。

⑦健美操训练法，即训练原则、训练内容、训练方法、训练过程、训练安排及注意事项。

⑧健美操的科学理论基础，即生理学基础、心理学基础、美学基础。

⑨健美操的创编，即创编健美操的因素、创编的目的，健身健美操的创编、竞技健美操的创编、表演性健美操的创编。

⑩健美操的裁判方法，即裁判总则、评分内容、标准与方法、裁判员的组成与职责。

⑪健美操竞赛的组织，即竞赛的意义及特点、竞赛的种类及内容、竞赛的组织、比赛的进行。

⑫健美操运动的科学研究方法，即科学研究的基本方法、科学研究的程序、科研论文的写作方法。

⑬健美操教学课，即健美操课的类型、结构、准备、组织及注意事项。

2.实践课

具体来说，健美操实践课就是借助身体练习，来促使学生掌握健美操动作的具体方法和要点；促使学生掌握正确的身体姿态，使学生塑造为健美形体；大幅度提高学生的身体素质等。在实践课中，不仅有观察理论知识的讲解，也会有机结合理论和实践两方面的内容，促使学生迅速掌握健美操运动的动作技术和技能，教师在培养学生综合能力时应保证方法的多元化。结合健美操课需要解决的实际任务，能够把健美操课划分成引导课、新授课、综合课、复习课以及考核课，具体如下。

（1）引导课

通常情况下，引导课就是开课的第一堂课，最主要的任务是讲授健美操的特征、锻炼价值、相关的基础知识，健美操的教学任务、教学内容、教学要求、考核标准、相关规章制度等。除此之外，教师也能适度安排部分健美操练习内容。

第一，引导课中教师对讲授的不同内容应预先进行归纳，讲解时注意层次清楚、突出重点，使学生对健美操项目形成正确的、完整的认识，明确学习目的和学习要求，端正学习态度，这样学生才能积极投入健美操学习中去。

第二，引导课的讲课形式要多种多样，最好能结合电视、录像等进行直观教学，提高学生学习的兴趣。

（2）新授课

以学习新教材为主要任务的课就是新授课。新授课的重要任务是让学生学习和大体掌握健美操的新授内容。在新授课教学过程中，需要注意的内容包括以下几个方面。

第一，健美操教师应当严格遵循教学规律，高质量地运用讲解、示范以及练习过程中的不同的教法措施等，推动学生正确感知动作，构建出准确的肌肉感觉，从而产生准确概念。

第二，对于多关节、多部位的复合性动作，通常采用分解法和带领法，使学生更加清楚地了解和掌握身体部位、动作方向、动作路线、身体姿势等变化。

第三，教授新动作后，应反复练习，使学生承受一定的负荷，但负荷量不宜过大，应侧重于动作技能的掌握。

第四，教授新动作时，一般先采用口令节拍指挥练习，由慢速到正常速度，待动作基本掌握后，再配合音乐练习。

第五，教师应对新授动作可能出现的错误制定预防措施，一旦出现错误，要有针对性地予以纠正。

(3)综合课

综合课，即不但要复习已经学过的内容，而且要学习新内容的课程。综合课属于健美操教学中比较常见的一种课的形式。教师在综合课教学过程中需要注意以下几点。

第一，教师应当对新旧教材的教学顺序做出科学安排。通常情况下，建议教师先复习旧教材，再学习新教材。

第二，教师在复习已经学过的内容时，应当采取提问、讨论、默想默练等方式，从而引导学生回忆和复习上次课学习的内容，具体包括完成动作的方法、动作的具体规格、技术要点、动作间的连接等，同时让教师全面了解学生对上次课学习内容的掌握程度，对接下来的健美操教学做好充足准备。

第三，在复习已学内容时，教师应通过提问、讨论、默想默练等手段引导学生对上次课所学的内容，如完成动作的方法、动作的规格、技术要点、动作之间的连接等进行回忆和复习，使教师了解学生对上次课所学内容的掌握情况，为进一步教学做好准备。

第四，教师在复习已经学过的内容时，应当有效强化动作的技术要点以及相关规格，针对复习过程中产生的动作方向错误、路线错误、姿势错误等，教师应当借助慢动作领做或固定姿势等手段来有效纠正。

第五，根据新旧内容的教学任务、特点和难易程度，合理分配教学时间、确定运动负荷。一般新授内容的时间多于复习时间，复习时的运动负荷大于学习时的运动负荷。

（4）复习课

复习课指以复习已经学习的某些内容为主的课，主要任务是在教师的安排和指导下，复习并逐步提高动作的规格和质量。在复习课教学时应注意以下几点。

第一，教师应根据新授课学生掌握动作的情况提出复习课的目标要求，采取相应措施，达到要求。

第二，在集体指导的基础上加强区别对待。在进行练习时，对于基础差的学生要加强指导，帮助他们改进动作，树立信心；对基础好的学生要注意适当提高要求。

第三，可采用分组教学的形式进行练习，可分组轮换也可以“一助一”地进行练习，这样易调动学生的练习积极性，提高学生分析动作和纠正错误的能力，同时还有利于教师实施个别指导，检查学生掌握动作的情况。

第四，复习课上要注意精讲多练，增大练习的密度，以强化动作的熟练程度，提高动作规格和提高机体的有氧代谢功能。

第五，在课中可采用一个同学或一组同学进行表演、相互观摩、评比，以激发学生的练习积极性，进一步提高和改进动作技能。

（5）考核课

考核课就是以检查学生成绩作为重要内容的课，关键任务是对学生健美操学习情况以及教学成果进行检验。在考核过程中，需要注意以下几点。

第一，教师有责任让学生对考核目的、考核时的具体要求、评分标准有明确认识。

第二，在考核开始之前，教师应当要求学生复习考核内容，同时做好各种准备活动，进而促使学生将自身水平发挥得淋漓尽致。

第三，为保证考核的准确程度，同时有效提升考核效率，建议一个教师考核两个学生。

（二）健身房健美操课

一般来说，健身房健美操课会依照学院的实际能力与水平来划分。

1.初级课

初级课更加适合初学者，其主要锻炼内容分别是基本动作与基本技术，动作相对简单，重复次数较多、速度较慢，学生不需要具备很好的身体协调性，同时主要动作是低冲击力动作。

在初级课教学时，需要注意的内容如下。

①要让学员了解每个动作的名称及指导员提示的方式。

②指导员的示范要准确，每个示范环节都应使学员清楚地看到。

③指导员应教给学员有关健身与健康、运动与安全、饮食与营养等方面的知识。

④设计的动作应以基本动作为主，一个动作组合（32 拍组成）最多不超过四个动作。

⑤可适当加入前、后、左、右的移动路线和 90°的方向变化。

⑥音乐的速度以 130～140 拍/分钟为宜。

⑦教学方法多采用线性渐进法、金字塔法和递加循环法等。

2.中级课

中级课往往适用于锻炼基础和技术基础比较扎实的学员。具体来说，中级课就是在初级课锻炼内容的基础上展开，健美操动作的特点是变化多样、速度较快、对学员身体协调性要求高，同时主要动作是低冲击力与高冲击力有机结合的动作。

在中级课上，需要注意的内容包括以下几点。

①动作设计应当变化多样，能够让学生感受到一些个性鲜明

的动作风格，使得课程更加有趣味，但不可以太过复杂，不可以向学员施加过多的压力。

②低冲击力与高冲击力动作组合时，高冲击力动作不宜过多。

③可适当加入“L”形、“之”字形、转体等较复杂的路线变化，还可在前、后、左、右的移动路线中加入面的变化。

④音乐的速度以134～148拍/分钟为宜。

⑤教学方法多采用金字塔法、递加循环法和固定动作法。

3.高级课

高级课往往适用于锻炼水平与技术水平较高的学员。高级课的突出特点是：锻炼内容相对复杂、健美操动作变化多样、速度相对较快、对学员的身体协调性要求高，主要动作是高冲击力与低冲击力有机结合的动作或高冲击力动作。

在高级课上，教师需要高度重视的内容包括以下几点。

①设计的动作应多样化，方向路线更复杂，并具有挑战性。

②动作复杂、变化多，因此可将动作先分解教学，然后组合在一起进行练习。

③由于高冲击力动作的不断加入，易造成下肢关节的损伤，因此要特别注意。

④音乐速度以134～154拍/分钟为宜。

⑤教学方法多采用递加循环法、层层变换法、固定动作法等。

4.特殊课型

在现阶段，国内外健身房健美操课程的设计依据包括动作风格、器械与设备、特殊人群等。特殊课型依旧需要根据学员的能力与水平，划分出初级课、中级课以及高级课。

①根据动作的风格划分：搏击操课、爵士操课、拉丁操课、肌肉伸拉课、街舞课等。

②根据所使用的器械和设备划分：踏板课、哑铃课、杠铃课、

皮筋课、自行车课、水中课等。

③根据特殊人群的需求划分：儿童课、母子课、孕妇课、产后课、老年人课等。

二、健美操课程的结构

（一）学校健美操课的结构

在现阶段，准备部分、基本部分、结束部分是学校健美操课的常见结构。这里以 90 分钟的课为例加以分析。

1.准备部分

（1）时间

通常是 20 分钟左右。

（2）任务

一方面，用最短时间来组织学生，使学生注意力集中起来，为完成本次课的教学任务做好心理准备和精神准备；另一方面，做好身体方面的准备活动，促使学生身体的所有器官系统逐步过渡到工作状态，促使学生身体不同运动器官和关节、肌肉、韧带为完成大幅度运动做好充足准备。

（3）内容

一方面是课堂常规，主要内容有考勤，宣布本次课的内容与任务，提出相关内容；另一方面是一般性准备活动，往往会通过热身操的形式出现，常见内容包括基本步伐配合手臂动作的单个动作或组合动作以及一般性柔韧练习。

2.基本部分

（1）时间

通常是 60 分钟左右。

(2)任务

关键性任务是复习旧内容与学习新内容,主要内容是学习与掌握健美操运动的知识、技术以及技能,有效提高学生的身体素质,科学培养学生的综合能力。

(3)内容

①单个动作:身体基本姿态、各部位基本动作、基本步伐、各种跳步动作、各种基本技术。

②组合动作:姿态组合、基本动作组合、乐感培养。

③成套动作:成套动作组合和表现力培养。

④素质练习:力量、速度、耐力等身体素质。

3.结束部分

(1)时间

通常是 10 分钟左右。

(2)任务

一方面是整理练习,促使学生机体逐步恢复为安静状态,使学生血液循环得到有效改善,加快学生机体代谢产物的运输速度与清除速度,有效缓解学生的机体疲劳;另一方面是简要完成课堂总结,布置课外作业。

(3)内容

结束部分的主要内容有拉伸性放松练习、配合呼吸完成的放松练习、意念放松练习、局部按摩放松练习。

在健美操教学过程中,健美操课的结构还包括很多其他形式。但是,不管教师选用哪种形式与结构,都一定要和人体生理功能变化规律相吻合,参照课的任务、练习任务以及学生特征来做出具体安排,从实际出发,努力追求实际效果,始终坚持有助于完成教学任务的原则。

(二)健身房健美操课的结构

开始部分、中间部分、结束部分是健身房健美操课的常见结构。具体来说,开始部分与结束部分往往由热身与整理组成,中间部分的变化比较大。以中间部分的变化情况为依据,能够把健身房健美操课的结构划分为三段式结构、四段式结构以及五段式结构。

在三段式结构中,热身占 10%～20%,有氧操占 60%～80%,整理与伸展占 10%～20%,其中有氧操部分往往由有氧拉丁、有氧搏击以及有氧街舞组成;在四段式结构中,热身占 10%～20%,有氧操占 40%～50%,肌肉调整占 30%～40%,整理与伸展占 10%～20%;在五段式中,热身占 10%～20%,有氧操占 30%～40%,肌肉调理占 20%～30%,柔韧(瑜伽)占 20%～30%,整理与伸展占 10%～20%。通常情况下,中间三段往往由有氧操练习、一段力量练习和一段其他形式的练习组成。

以上就是最常见的健身健美操结构形式,中间两段往往由一段有氧练习和一段力量练习组成。有氧操部分可以是不同风格、不同形式的有氧练习,如有氧拉丁、踏板等。肌肉整理是指健身房健美操课中,利用身体自身重量及各种器械所完成的肌肉阻力训练,也就是我们常说的力量练习,但与竞技健美操中的力量训练方法不同,其主要来发展肌肉的力量和耐力,保持肌肉的功能,调节发展不平衡的肌群和改善机体的外部形态,从而使身体机能保持在最佳状态。肌肉调理的练习内容主要有上肢、躯干和下肢三个部位的肌肉力量练习。在有氧练习后和力量练习前应有一个简短的整理。

三、健美操课程的组织和实施

(一)课前准备

1.课程设计

结合学员的情况和特长完成课程构想,应当是教师健身课准备的首要工作，具体有安排课程强度、选择课程类型等。教师应当挑选自己擅长的课程类型，尽可能表现出自己的优势，高质量地完成每节健身课。在课前准备环节，最重要的任务是全面掌握学生的情况，从而科学安排课的内容和强度。

针对初学者以及健身课参与者来说，课的内容应当是基本动作，各项动作比较简单，重复动作相对多样化，对身体协调性方面的要求比较低，同时主要动作是冲击力低强度的动作；针对技术基础比较扎实、身体协调性较好、身体健康的参与者来说，课的内容应当是动作变化多样、高冲击力动作和低冲击力动作有机结合，主要动作应当是中等强度的动作；针对技术水平较高且身体素质良好的参与者，教师应当安排相对负责且变化多样的课的内容，选取运动强度较高的动作。

2.音乐选择

在确定课程种类后，再根据课程种类的要求及自己对音乐的把握选择音乐。不同的课程所要求的音乐是不一样的，拉丁舞健身所采用的音乐是以拉丁风格的音乐为主如恰恰、桑巴等风格的音乐；街舞健身所采用的音乐是动感十足的 HIP-HOP 音乐；而传统健美操音乐一般采用 DISCO 音乐。因此，不同的课程种类决定采用不同的音乐。在确定课程种类后要做的第一件事就是要进行音乐的选择。同一种风格的音乐表现手法也不一样，决定着动作设计的变化手法也不一样，因此在选择音乐时必须根据自己对音乐的把握程度进行筛选，尽量选择自己能够很好把握并能通过自身动作很好表现的音乐。在做完以上工作后，最后根据课程的构思整理音乐。例如，课的热身部分应当预留多长时间，选用什么样的音乐；课的基本部分应当安排多少内容，分别安排多长时间，选用什么样的音乐；课的放松部分应当安排多长时间，选用什么类型的音乐等，选用音乐时一定要选取课的构思，从而有效整理各个部分的音乐。

3.动作设计与编排

教师完成课程设计和选择音乐这两项工作之后，应当着手对动作进行设计与编排，这同样是课前准备工作中的一个关键环节。在运动生理学中存在“用进废退”的原理，这项原理同样适用于健身锻炼过程中。具体来说，健身锻炼就是将身体不同关节的灵活性、肌肉的弹性以及韧带的伸展性为基础，在身体所有部分共同参与下完成的一种健身活动。

因为动作是各种健身项目当中的首要因素，所以只有具有良好的、符合科学要求的动作会更容易接近乃至达到目标，反之则会事与愿违，甚至对人造成伤害。优美大方的动作可以使人赏心悦目，并给人们带来欢乐，从而延缓疲劳现象的产生，反之则使人产生厌恶的心理。

人体的运动从解剖的角度看是围绕着各个关节而进行，并由神经系统指挥肌肉收缩与伸张而产生运动，运动行驶主要有屈、伸、举、绕、弹、踢、摆。由躯干、上肢动作与下肢动作配合而产生的各种姿态、步伐、跳动、旋转。健身操的动作是以步伐为基础，通过步伐练习提高心血管系统的功能、培养灵活性、协调性、节奏感等。动作本身包含很多项要素，最为关键的分别是位置、节奏以及过程，位置主要有人体相对空间的位置，四肢相对躯干的位置等，节奏主要指动作和动作串联之后的彼此之间的时间关系，过程包括路线与方向，具体就是动作与动作连接过程中肢体的运动轨迹。其次，动作本身的重要因素是时间，即连接过程中所用时间。

健身操当中采用的动作应该是那些有利于健康，遵循人体的自然发展规律，安全可靠的动作，而易造成损伤的动作是被禁止使用的，如头的360°转、背弓等。目前健身操的形式是多种多样的，良好的、科学的使用这些动作，可以有效地促进人体的健康。掌握这些动作的规律，了解它们的功能，是作为一个创编者所必须做到的，因为动作是健身操的核心。了解这些知识以后开始进行动作的设计与编排。健身操动作的设计与编排应遵循以下指导思想及创编原则。

(1)健身操创编的指导思想

健身操运动的宗旨是提高人的健康水平,在进行创编时除了把握具体的操作外,还要明确总体的指导思想。健身操创编的指导思想具体如下。

①健身性。健身性是在创编中首先应具有的思想,也就是一切动作与设计都应围绕这一思想进行。健身健美操的目的在于提高人的健康水平,人的运动基本素质,改善形体。健身操是属于有氧运动范畴,有氧运动可以使人体的各循环系统得到很好的锻炼,同时有氧运动又能有效地消耗脂肪。

要想保证人体健康,就必须使人体的各个部分都得到充分的锻炼。根据人体解剖特征,人的头颈、躯干和四肢要想得到充分的锻炼,应有意识地使各个关节进行各种运动,如屈伸,摆动及绕环等运动形式,从而促进肌力的增加,提高关节的灵活性,以及通过改变运动的位置、方向、节奏、路线来影响不同的肌群。通过动作路线、节奏、位置、方向与单一动作、复合性动作的变化来培养人的协调性、同一动作重复越多对同一肌肉及关节影响越大,但并不是越多越好。因此恰当地运用才能达到促进健康的目的。

作为一个健身运动的指导者应该知道每一个动作对哪些肌肉或肌群产生影响,以及肌肉做功的基本原理。例如,通过手臂胸前屈肘对二头肌施加的影响,通过提膝对腹直肌及股四头肌的影响等。

②安全性。安全性是保证健康的前提条件,同时也是为大多数人服务与发展有力保障的条件之一。因此,在创编中必须坚持有益于健康为基础,避免那些容易造成伤害的方法与手段,发展那些有益于身心健康的方法与手段。

教师要想达到安全性要求,需要做的是:首先,保证采取有氧练习,防止无氧运动产生;其次,严格遵循人体自然运动规律,坚决反对和人体自然活动的动作相违背;再次,尽可能减少对关节产生冲击力，有效保护关节；然后，防止肌肉被过度牵拉，避免对肌肉产生伤害；最后，教师应当保持奋发向上的精神状态，从多方面体现人体良好的精神状态。

③身体全面发展。就身体全面发展来说，不但是创编健身操的一项重要思想，而且是保障人体健康尤其是均衡发展的一项关键条件。

④娱乐与艺术性。健身操不同于其他运动项目，在于它有很强的娱乐性与艺术性。人们在锻炼身体的同时，身心也可得到愉悦。世界卫生组织（WHO）发表的健康定义为："健康是一种在身体上、精神上的完满状态，以及良好的适应力，而不仅仅是没有疾病和衰弱的状态"。以这个定义为依据，能够把健康理解成第一是生理健康，第二是心理健康，第三是良好的道德和适应水平。悦耳的音乐能够有效陶冶人的情操，舒展大方的动作能够给人带来美的享受，在音乐和动作的双重作用下，常常能够有效释放人们的负面情绪，由此得到良好的情绪和状态。

（2）健身操创编的技术性原则

在创编活动中遵循特定的规律与原则是保障成套动作的科学性、时效性的必要条件，是通向设想目标的桥梁。

①合理的成套动作结构。健身操课的结构往往由三个部分组成，分别是热身部分、基本活动部分以及放松调整部分。热身部分的主要目标是让身体从比较静止的状态，开始活动到关节和肌肉获得一般性活动，从而加深呼吸为进入应当达到的运动强度做好充分准备，尽可能防止运动损伤，并且向基本活动部分做好思想准备。制定热身部分的内容可以以整套操的目的和结构作为依据，主要包括呼吸和动作协调配合、一般性伸拉和关键活动等。

基本活动部分是锻炼过程中的主要部分，练习的主要内容是关节的活动以及肌肉练习，从而有效消耗热能，完成练习采取的主要形式是操化动作、垫上练习、步伐、跑跳等。基本活动部分的主要目标是加强运动负荷，借助耗能来有效减脂，从而提升人体运动的基本素质，有效改善心脏器官的功能。教师在创编肌肉练习的过程中，应保证练习和伸拉交替进行，从而避免肌肉过度僵硬。

放松调整部分主要以放松、伸拉为主要内容，目的是放松肌体，注意逐渐降低运动负荷，从而尽可能的恢复与达到锻炼前的状态。每个部分运动强度不要忽然加大或减少，注意连接动作的设计，使运动强度逐渐变化。

②鲜明的针对性。创编健身操的过程中，创编者首先要对接受者的具体情况进行分析，最基本的是身体有无严重的疾病，特别是不适合运动的疾病，如严重的心血管疾病，运动功能上的疾病与缺陷等，身体素质（力量、耐力、速度、柔韧、灵敏）情况如何，运动经历、心理状态和周围环境等因素都应予以考虑。

③动作的有序性及流畅性。在健身俱乐部练习及集体练习健身操时，锻炼者流动性强，业余练习者居多，一般的教练常常采用连续的教学方法带领学员练习健身操，在创编这类操时应注意有顺序地安排动作，使动作与动作之间形成一定的规律及连贯性，便于锻炼者快捷而顺利地接受和掌握动作。特别是步伐的流畅，因为流畅而符合规律的步伐是锻炼顺利进行的有利保证，同时也可以减少运动损伤的出现，从而更好地达到锻炼的目的。

有序和流畅，一方面是指活动部位有序流畅，一方面是指动作和动作之间连接的规律有序流畅。例如，根据解剖位置从上到下或从下到上，从外向内或从内向外，从一种步伐正确连接到另一种步伐，从局部到全部以及从单一到综合和复杂。为有助于教学顺利开展和学习者全面掌握，建议教师在创编过程中有针对地分解复合性动作并全面分析动作，推动动作达到有序流畅的要求。健身操的动作主要由步伐配合上肢运动和躯干运动组成，在形成一个复合性动作时能够将其划分成若干个单一动作，再此之后再逐步进行组合。

要使动作连贯合理，首先要了解动作中包含哪些类型。第一，步伐。步伐的流畅主要是保证运动中的身体重心，如果能够在运动中使身体重心平稳，做到流畅就不难了。步伐的主要形式有：双脚同时运动、双脚依次运动、同脚多次运动。在步伐与步伐的转换中，重心的变化是关键所在。首先，重心在双脚中间同时运动，如双脚弹动、开合跳等，这类步伐在连接下一步伐时可以任意的选择。其次，重心偏离人体中心倒向某一边时，如果接下一步伐则使用另一只脚（有意多次使用同一侧脚除外）。第二，手臂动作。手臂动作的运动形式与运动范围比较复杂与多样，但归纳起来有对称性运动、不对称运动、单手运动（单手依次、单手单边多次）、双手运动，运动形式有伸、举、摆、绕、振等。通常情况下，对称运动比不对称运动的接受难度较小，倘若上下之间和左右之间在胸前停留一下就更容易被接受。教师应当有规律地运用这些形式。在整套操产生特定规律之后，教师应当要求锻炼者尽快掌握动作，从而有效强化锻炼的实效性。

④合理的运动负荷。在创编健美操的过程中，控制运动负荷是极为关键的。健身操应当将运动负荷控制在中小强度的范围内，从而为运动过程中正常呼吸供氧提供保障。为了有效地达到最佳锻炼价值，应把负荷控制在健身所需要的负荷之内。在健身操中常用的控制最高心率办法是：220－年龄＝最高心率。

一般来说，动作速度、重复次数、时间、动作幅度、肌肉用力因素会对运动负荷产生影响。在相同时间段内，动用速度越快、重复次数越多、幅度越大，肌肉用力越大，强度就越大；反之则小。如果保持动作速度、幅度、肌肉用力，则时间越长、重复次数越多，强度也越大；反之则小。

教师在对健美操运动负荷进行设计时，应当促使运动负荷逐步上升和下降，同时在负荷变化过程中呈波浪式曲线上升和下降，整体呈现为正向曲线，整套健身操中允许出现1～3次高峰值，当产生多次峰值时每次强度应当是不同的。锻炼时间越长，则产生多次峰值的可能性越大，反之就越小。在国际上，一般会把俱乐部锻炼时间控制在45～60分钟，我国部分俱乐部将锻炼时间控制在60～90分钟。就步伐强度来说，主力腿腾空高度、动力腿动作幅度、肌肉控制力度、动作速度都会对其产生影响；就手臂动作强度来说，具体就是以肩为点从下往上逐步强化，动作幅度和动作速度同样是控制强度的关键性因素。

⑤动作风格与音乐风格的统一性。强调创编中的艺术性与创新，并在创编中遵循动作风格与音乐风格的统一性。健身操是一项结合了体操舞蹈、音乐等项目特点的综合性体育锻炼项目，它的重要特点之一是带有强烈的娱乐性与表现力。因此，有目的地吸收舞蹈动作与其他运动项目的动作，以及独特的动作创造是在创编中必不可少的环节。

现代健身操起源于20世纪60年代末、70年代初的美国，70年代迪斯科舞蹈盛行于美国，后风靡全球。健身操最初把迪斯科与体操动作融为一体，并运用有氧运动的锻炼原则独树一帜，迎得了众多人的钟爱，主要原因在于它独有的娱乐性与健身的实效性。尔后健身操融合了越来越多的舞蹈动作与独创动作，形成了风格各异，形式多样的健身操。例如，爵士健身操、拉丁健身操、搏击健身操等，使锻炼者从中得到了无比的乐趣与益处。健身操是一项包容性很强的体育运动项目，能够很快地吸收新的舞种与新动作，只要对身体锻炼有益都可以被接纳。这是和健身市场与人们的需要分不开的，也是健身操发展的原动力。由此可知，衡量创编者优劣的关键性标志是其选用舞蹈素材与其他运动项目的动作和独创性。

（二）教案撰写

在每次课之前编写教案能够让课前准备更加充分，促使教师对教学的自信心更强。在某些情况下，一名健美操指导员往往同时教授几种课程，通过撰写教案来记录每次课的教学内容，将会给健美操教学带来很大的便利。除此之外，坚持记录动作组合编排对提升健美操指导员的创编水平和提升授课质量都有积极作用。撰写健美操课的教案应当涉及的内容有目标和任务、教学内容、教学方法、教学要求、时间分配。

（三）设施准备

教师在课前应当提前10分钟到场，主要工作是：第一，检查音响设备与场地状况是否正常，倘若出现问题应当及时处理；第二，准备好哑铃、踏板、垫子等上课所需的器材，布置的位置应当选择不影响其他部分课的开展且方便取放。

（四）沟通

在课前准备中要做到指导员与学员的沟通，了解学员的一些基本健身史、伤病史等，以及学员喜好的课的类型，以保证授课的质量。

（五）课堂组织

1.课前交流

在正式上课之前，应用几分钟的时间介绍一下本堂课的主要内容、特点和目的，使学员心中有数。同时，如有新学员，应适当打个招呼，不要让新学员感到陌生和受到冷落。如果本次课是第一次课，或者都是新学员，那么教练应首先进行自我介绍，让健美操课分为学校健美操课和健身房健美操课。

2.练习队形与示范位置

练习的队形应根据参加练习的人数和场地的具体情况来确定。学员之间的间隔和距离要适宜，每人应有大约两米的空间，左右以学员两臂侧举不会相碰、前后以适当插空排列为准，这样不仅学员有足够的活动空间，而且能有效地观察到指导员的示范动作和面部表情，有利于相互间的沟通。在进行器械练习时，应根据器械的特点和大小适当增加练习队形的间隔距离。在取放器械的过程中，健美操指导员有责任进行指导和组织，有效提高练习效率，并且努力避免伤害事故出现。

决定示范位置的首要要素是保证所有学生都可以看到，从而为指挥和观察提供便利。在现阶段，部分场地设置了示范台，为教师上课带来了很大的便利。当未设示范台时，应当借助调整队形来促使所有学生都可以观察到教师，这是保障练习效果的一项重要因素。如今，循环练习课、力量练习课等在其他国家十分盛行，要求健美操指导员走到学生中间展开交流和指导，这种方式有助于指导员处理个别和集体之间的关系。

3.教学形式

健身健美操课多采用集体练习的形式，因为有氧练习要求中低强度、长时间的运动。在课程进行过程中最主要的要求是保持学员的心率在一定的时间内不下降，使之稳定在最佳心率范围内。因此，集体练习就成为一种最有效并被广泛采用的健身健美操课练习形式。

集体同时练习和集体分组练习是集体练习中两种截然不同的练习形式。集体同时练习即所有的学员同时做同样的动作，其优点是比较简单、便于指导员的指挥，容易达到练习的强度和密度要求；其不足之处是形式比较单一，容易使学员感到枯燥，从而失去对练习的兴趣，需要指导员特别重视与学员的沟通和激励方法的运用。集体分组练习即把学员分成若干个组，同时或依次做不同的动作。这种练习包括目前在国外非常流行的循环练习，以及加入各种队形变化的练习方式。集体分组练习使得学生之间的配合和联系更加紧密，使得练习乐趣更加浓厚，并且将教师的主要工作由单方面领操转移成了课堂的组织，由此健美操教师需要达到更高要求。

对于一堂健身健美操课来说，可以将集体同时练习和集体分组练习有机结合起来加以运用。例如，在热身和整理练习的过程中，可以选用集体同时练习，在中间的主要练习阶段可以选用集体分组练习，如此能够让课程组织更加多元化，使得学生的兴趣和锻炼效果都得到大幅度提升。

4.观察与调整

尽管任何一名健美操教师在课前都会有一定的设想,部分教师甚至已经写好了教案,但健美操教学课程中,依旧需要其及时观察学生的练习情况,同时参照具体情况来及时调整动作难度和教法等内容。由于学生的身体情况和情绪是不断变化的,也可能指导员原先的信息来源与事实有出入,设想不一定符合当时的实际情况,也许个别人有特殊情况需要特别的照顾,总之应使课堂上所有的学员都感觉良好,没有人跟不上你的动作,也没有人感到枯燥,这样才能保证课的效果。因此细心的观察和及时的调整对一堂成功的健身健美操课是非常必要的。

5.激励

采用各种各样的方法及时对学员进行激励是健身健美操指导员应具备的意识。激励在一堂课中应贯彻始终,包括对学员的每一点进步都及时进行表扬,使学员明确自己的进步,增强其锻炼的信心,并鼓励其向更高的目标努力。

(六)课后交流与总结

1.交流与反馈

在授课结束之后,教师不可以立即离开场地,应当预留和学生交流的时间,以便及时掌握学生的感受与想法。

2.总结与改进

教师把自身体会和学生反馈信息当成依据,及时评估和归纳上课情况,肯定优点并指明缺陷,探究出存在的问题以及处理措施,向接下来的授课完善提供依据,由此持续提升教师的能力以指导效果。

第三节 健美操教学中的学生人文素质培养

一、健美操教学中实施人文素质教育的现状分析

（一）健美操教学中实施人文素质教育的教学现状分析

1.健美操课程设置现状分析

在调查的部分高校中，所有高校均开设了健美操必修课和健美操选修课，这种现象表明越来越多的高校师生认识到了健美操课程的深远意义。截至当前，高校经常采用的形式是在一年级和二年级开设健美操选修课。但是，不同高校开设的健美操课程在学期数方面存在很大差异，同时学生对开课时长要求以及学校教育教学计划也不尽相同。

调查显示，学生对课程的需求和学校提供的课时存在一个明显的“供需矛盾”。从抽样的10所高校的教学计划来看，有6所高校在一、二年级开设了个两学期的健美操选项课，而3所高校在一、二年级开设了三个学期的健美操选项课，只有1所高校在一、二年级开设了四个学期的健美操选项课。从学生对健美操课时数的需求来看，58%的学生认为在一、二年级开设四个学期的健美操课程选修课是有必要的，而38%的学生认为在一、二年级开设3学期健美操课程选修课是有必要的；只有3%的学生认为在一、二年级应该开设两学期健美操课程选修课；仅1%的学生认为在一、二年级应该开设1个学期的健美操课程选修课。

分析教育的基本规律可以发现，人文素质教育是循序渐进的过程。在高校健美操教学中渗透人文素质教育，是要从健美操教学的各个方面来进行：从理论课程中丰富学生关于音乐、韵律、健

身的基本知识;从实践课程中的扎实苦练来培养学生良好意志品质;从形体的训练、音乐的赏析等方面来提升审美情趣和优雅的气质;从动作的创新、队形的变化等来培养学生的创新精神,等等。然而无论是基本知识的储备、良好意志品质的形成、审美情趣的培养还是气质的提升都不是通过一个短时间的训练可以实现的,应该通过一个合理的课时数的学习来达到人文素质教育的目的。因此,本书认为尊重教育规律,适当地提高健美操教学的课时数,是对健美操教学极其有益的。

2.健美操教学内容现状分析

就健美操教学中渗透人文素质教育来说,应当借助详细的教学内容安排来完成。这里将健美操课程教学划分成了实践教学与理论教学两个模块。

(1)实践教学部分

实践教学是健美操教学内容的主体,是为完成教学任务而选用的健美操不同的身体练习方式。在实践教学过程中,借助健美操的联系,不但有助于学生形成团队合作精神,而且有助于学生形成顽强意志品质,是健美操教学过程中实施人文素质教育的关键环节之一。

调查结果显示,有氧健美操套路、搏击健美操等多项常规项目仍旧是高校健美操课程中大范围开展的项目,拉丁健美操、有氧舞蹈、啦啦操等项目受到越来越多学生的欢迎,但水上健美操和踏板健美操并未得到大范围展开,竞技健美操在动作难度大的限制下仅在少数院校开设课程。

人文素质的养成是一个综合性的过程,需要汲取各方面的有益营养。但是目前高校的实践课程,还比较单调,由于场地和教学设备的落后,很多项目,比如健身球操、杠铃健美操等都无法开展。而这些新项目往往能够很大程度上调动学生学习的兴趣和积极性。正所谓兴趣是最好的老师,尤其是对于有思想、有个性的大学生们来说,调动其自主学习的兴趣往往能够事半功倍。其次，多引进新项目，也有利于开阔大学生的眼界，培养其创新精神。因此，学校应当加大投入健美操教学需要的场地与设备，向健美操教学和学生人文素质养成提供良好环境。

(2)理论教学部分

理论对实践具有指导作用，健美操理论课可以让学生全面掌握健美操运动的由来、特征、规则、锻炼方法等，另外在理论课上贯穿健美操音乐赏析和有关人文背景知识，不但有助于提高学生对动作的理解水平，而且有助于提升学生的人文素养和增加知识储备。但是，调查结果表明只有部分学校开设了健美操理论课，所以说健美操教师对健美操理论课的重视程度明显不足。

在很多学校，都有不够重视健美操理论课的现象。许多教师只是单方面觉得，“健身”是健美操的目的。但学校是提升学生人文素质的关键基地，健美操的“健心”功能同样应当高度重视，而理论课就是一个极为关键的环节。首先，在健美操理论课上，能够传授很多与健身、保健、卫生等相关的知识；其次，学习健美操的起源、背景，对学生更好地掌握健美操动作中蕴含的美感和精神也是很有帮助的；再次，理论课上，教师带领学生欣赏健美操音乐，是培养和提升大学生审美情趣的重要途径；最后，教师讲授健美操的汇编、创造的相关知识，也可以为大学生创新健美操打下理论基础。

3.健美操课程运用现代化教学方法和手段的现状分析

我们在调查中发现，在教学方式和手段上，各高校仍主要采用传统的教学方法，即讲授式、示范式的教学法，仅有少数高校采用了现代化教学手段，如录像、光盘等。现代化教学方式的较少运用可能是由于两个方面的原因：一方面是学校教学设施配备落后，另一方面可能是受教师教学水平的限制。

大学生人文素质教育具备隐喻性特征，原因在于大学生已经拥有一些知识文化储备，从而形成初步的价值观、人生观以及世界观。针对大学生的具体情况，填鸭式或灌输式的教育方式早已不适宜运用在这个阶段。因此,在健美操教学中实施人文素质教育,必须和大学生人文素质教育的隐喻性相吻合,尽量减少说理式方法的运用次数,积极运用间接和内隐的方法。由此可见,健美操教师应当积极运用多元化教学方式,主动运用现代化教学方式,有效降低学生的接受难度。

4.健美操的考核内容和评价方式

最新《全国普通高等学校体育课程教学指导纲要》指出:考核评价内容不能重技术轻理论,应重视能力提高幅度和创新意识程度,不能过分看重个人技术能力好坏。教学改革必须有相应的考试改革,才能提高教学效果,达到培养学生体育素质和能力的目的。关于各高校对健美操课程的考核内容和评价方式,调查数据显示,目前高校对于健美操课程的考核,尚处在注重动作的阶段。而人文素质的培养,讲究提升学生的综合素养。只通过健美操的动作来进行考核,没有通过健美操的编排等强调创新意识的培育,也不注重考察与健美操相关的理论知识,这是不利于在健美操教学中渗透人文素质教育的。不利于充分调动学生学习的积极性,存在着忽视学生基本技能的培养,内容与形式的单一,缺乏弹性,缺少顾及学生的个体差异等主要问题。

针对这种情况,建议学生选择多元化考核方式,充分尊重各个专业、各种基础的学生的不同与个性,对学生学习健美操赏析和创编等知识提供指导,同时将其纳入考核系统中,尽管存在一定难度,但的确是借助健美操课程提高学生人文素养的有效方式。

(二)健美操教学中实施人文素质教育的教师现状分析

1.高校健美操教师自身专业素质现状分析

体育教师是指各级各类学校体育工作的具体执行者,体育教学、课外体育活动和课余体育训练与体育竞赛的具体组织者。提高教师健美操教学的能力，加强健美操教师业务能力的提升，健美操教师要通过多种途径不断提高自身的业务能力。其工作效果的好坏，直接关系到学校体育任务是否顺利完成。高校健美操教师是在高等院校主要从事健美操及相关工作的体育教师。其主要职责包括健美操教学与训练、科研、裁判、编写教材、组织群体活动等。从调查分析和自身经验来看，高校的健美操的专业能力还有待提高，在自身条件有限的情况下，高校可以给予支持，促成教师本身能力、素质的提高，以达到丰富健美操教学内容、增强学生学习兴趣、提高学生人文素养的效果。针对课余时间，高校可以成立专门的培训室，组织健美操教师积极参与专业知识教育活动、学术讨论活动以及心得体会活动等，促使健美操教师在课外“充电”。

2.高校健美操教师自身人文素质现状分析

教学组织者和教学引导者是健美操教师扮演的两个角色，拥有一支师资队伍是健美操教学中实施人文素质教育的基础和保障。调查得出，40％的学生觉得教师欠缺先进的教学理念是学习健美操出现困难的重要原因，30％的学生觉得健美操教师教法不当，20％的学生觉得健美操教师有能力欠佳的问题。

通过调查得出，学生对健美操教师的要求主要反映为：拥有指导学生参与锻炼的能力、拥有优良的职业道德、教师本身拥有较高的人文素养。首先，道德素质是大学生人文素质的重要组成部分，而教师自身具有较高的职业道德可以形成榜样的力量，对学生起到潜移默化的教育。其次，教师本身人文素养的高低，也直接决定了其审美情趣、欣赏水平，只有教师本身具有较高的人文素养，才能将其传递给学生。而目前高校评价健美操教师所注重的指标，如学历和职称等，并不为学生所看重。健美操教师在渗透人文教育时应注意方法，不仅传授健美操的内容，还应该树立起自身形象，展示其人文素质，让学生真正喜欢健美操，并从中受到启发，同时，应结合不同专业的特点，将大学健美操与其专业结合起来，激发学生兴趣，扩大学生知识面，形成合理的知识结构。

（三）健美操教学中实施人文素质教育的学生现状分析

1.学生对健美操学习态度和学习动机分析

调查结果表明，许多学生选修健美操是因为功利目的，如有56%的学生选修健美操的原因是其学习难度小、更容易获得理想成绩。学生常常会只重视学习专业知识，没有对培养身体和人文素质投入应有关注，因而教师应当采用多种措施来提升学生学习健美操的兴趣，立足于多个层面来展现健美操运动具备的奥秘和神奇，努力在健美操教学中渗透人文教育，不但要让学生真正掌握健美操运动的知识与方法，而且要促使学生形成健康体魄和正确的科学观和世界观。

除此之外，调查发现绝大多数学生偏爱拉丁健美操、有氧舞蹈以及健身街舞。针对这种情况，健美操教师可以结合学生实际喜好来增设这些课程，从而促使学生产生浓厚兴趣。同时，在理论教学中可以融入对拉丁健美操的人文背景介绍、音乐欣赏等等。这样可以使学生更好地理解该种舞蹈所传递的文化和精神，这也是在健美操教育中贯穿人文素质教育的一个重要途径。

2.学生自身人文素质现状分析

从调查分析和作者自身教学经验来看，很多大学生只埋头于专业知识的书本学习，由于重视专业知识学习而忽视了与“实用”“功利”没有直接关系的人文科学的学习，因而缺乏人际关系协调能力，造成人文素质偏低，在单位的工作中无法处理好世界观、人生观和价值观的协调。这种情况必然和学校的唯分论存在密切联系，学生本身忽视了人文素质教育的重要性也是一项重要原因。

综上所述，可以将健美操教学中实施人文素质教育的主要问题归纳为几个方面：第一，教育者没有高度重视；第二，健美操教师的素质还需要进一步提升；第三，评价手段单一化；第四，课程体系还需要进一步完善；第五，学生参与的积极性还需要进一步提高。

二、健美操教学中培养学生人文素质的方法

（一）全面认识与肯定健美操的人文素质教育价值

人文素质教育是一个过程，不仅要政策和资金的支持，同时要有场地设备和课时安排的支持。调查发现，健美操教学的课时安排不够充足，条件也不够充裕。在教育改革由贯彻素质教育与科教兴国战略出发，健美操运动的项目特征对具体优势具有决定性作用，同时具备大众性特征和娱乐性特征，健美操对推动学生身心发展和培养人文素质都有很大的积极作用。教师应当努力争取获得教育高层的高度重视，推动他们从科教兴国战略和人才培养的战略去认识健美操存在的价值，改变过去将大学生人文素质培养过分依赖“两课”传统的观念，争取为健美操的推广提供政策、资金和场地设备等条件支持，增加课时安排。要转变高校体育教学指导思想，把从传统的“唯生物体育观”向身体、心理、社会等方面因素构成的“多维体育观”转变，拓宽健美操在校园文化建设、人才教育成长等方面的功能，高校要集中健美操优秀的理论和实践人才，知行结合，完善理论教育，同时加大实践教学的力度、时间，拓宽健美操项目体系的内涵和功能，形成一个具有中国社会主义特色的健美操体系。

（二）构建具有人文素质教育的健美操课程体系

相关研究表明，高效健美操教学的课程体系还需要进一步完善。高校健美操课程体系应突出健身性、文化性、审美性相结合，把“全面发展”作为指导思想贯穿教育的始终，培养学生正确的价

值观、人生观和世界观。优化高校的健美操课程内容设置，如有针对性的以普修课和选修课的形式将这些项目引进大学的体育课堂，构建具有时效性和时代性的大学生人文素质教育的课程体系。健美操课程内容应具有理论性、综合性和前瞻性，强调知识的科学性、系统性和结构性，强调师生互动、自我创新，改变过去传统单一的灌输模式，突破旧体系的束缚，建立一种与学生学习兴趣个性关系密切，发展学生特性、注重健康、增强心理素质及培养审美能力、培养大学生全面发展的新型健美操课程的教学内容体系。

详细来说，健美操理论能够对健美操实践发挥指导性意义，学生学习理论课可以推动学生全面掌握健美操的特征、规则、方法等，推动学生全面掌握当前实效性最强、最基础的健美操知识和技能，从而为学生改善体质和树立终身健身意识奠定基础。健美操理论知识内容应包含四个方面：基础理论（动作起源、舞蹈发展等）；健身原理（包括动作要领、舞蹈编制等）；赏析（包括对比赛、旋律音乐）；生理卫生、保健卫生和运动常识等。四个方面中应让学生掌握健美操基本技能，在加强基础知识、技能传授和基本能力培养的前提下，通过让学生学习最具有概括性、适应性、变换性的典型健美操特征的技术动作，从而提高健美操教学质量。学校可以制定总教学目标，结合现代教育和健美操的教学特点，将教学目标制定为：健美操总体培养目标、教学层次目标（基础教学层次目标、专项教学层次目标及综合教育目标）及单元教学目标。

由此可知，学校应当合理安排健美操理论课，这不仅有助于学生掌握健美操运动的基础知识和要领，同时有助于学生提升对健美操相关要素的理解水平。在实践内容方面，教师应当在强化基础知识、技能传授以及基本能力培养的基础上，指导学生学习概括性、适应性、变换性都比较突出的典型健美操特征的技术动作，从而促使学生全面掌握健美操的基本技能，在此之后指导学生独立编导舞蹈动作，对已经学习的基本动作进行调整，从而使学生掌握运用所学技能的能力和创造能力都得到提升。除此之外，还要扩充健美操的教学内容，在健美操的实践教学内容上，可以适当引入一些时尚、富有时代气息的、多种风格的健美操，如街舞、慢摇、爵士舞、搏击健美操等等，通过这些新兴内容的传授，不仅激发了同学们的学习兴趣，同时满足了课堂上教学内容的多样性。

（三）选择符合人文素质教育要求的教学方式

研究表明，健美操教学的教学手段还需要进一步完善。在高速发展的今天，随着崭新知识和崭新技术的不断涌现，科学选择和运用教学方式能够有效提高教学质量，健美操教学同样是这样。分析传统健美操可知，学生练习动作时往往表现为整齐划一、步调统一、积极维护课程秩序，在实践活动中对学生动作整齐和节拍一致的要求更高。然而，健美操教学不仅仅是让学生会跳健美操，更关键的是借助一定练习方式来对学生维持身心健康、培养正确体态、塑造良好形体、陶冶美的情操发挥积极作用。

随着大学生对健美操基本知识和动作技术的掌握，在不同的教学阶段可以采取不同的教学组织形式并向自主学习模式转变。这有利于培养学生的创造思维能力、主动学习能力。在课程的最后阶段，老师在教授画定套路、基本步伐和单个动作的同时，可以让学生分组创编集合动作，按照由移动到跑跳，由躯干到四肢、由原地到移动、由慢到快、由简到繁、由上至下的编排原则，组内学生互相研究，以培养学生的创造思维能力。学生小组讨论定型后，再让各组分别展览，然后各组互相评论各组创编的新颖、动作搭配的合理、协调、流畅的程度。这样，每名学生都能充分发挥自己的特点，创编具有独特风格的套路。不但激发了学生练习的兴趣，也培养了其创造性思维的能力。在几次课的练习之后，能够促使学生最大限度地发挥想象力与创造力，科学选择与组合基本动作，独立完成音乐选编工作，由此创造出形式丰富、个性鲜明的成套健美操或成段健美操，从多角度展现学生的丰富想象力和自我主动学习精神。

与此同时，变更考试内容，健美操考试的最终目的是使每位学生的生理和心理素质、认识和实践能力得到全面的发展。为使考试达到人文素质教育的目的，对考试内容及方法进行改革势在必行，增加能力考试的比重，通过健美操能力考试，应用能力进一步加强。

（四）提高健美操教师的人文素养和业务素质

研究表明，健美操教学的授课教师同样对健美操教学具有重要作用。教师不但是教学组织的核心，而且密切关系着健美操教学改革的成败。健美操教师是和学生直接接触的第一人，是健美操教学中渗透人文素质教育的关键所在。健美操教师不只是传授健美操运动的理论知识和实践动作，更为关键的是为人师表，教师的一言一行和工作态度都对学生有重要作用，对提升学生的人文素质教育具有直接影响。教师要想在健美操教学中培养学生人文素质，就必须拥有扎实的专业知识、渊博的人文知识、优良的道德品质。

当前，我国高校一些健美操教师还存在素质偏低问题，教学观念落后、人文知识欠缺、教学方法陈旧等都是具体表现。由此可知，要想顺利实施人文素质教育，就必须从根本上提升健美操教师的专业水平以及人文素养。健美操教师在改进教学效果、科学化教学的同时，还应该加强自身人文修养，以帮助学生掌握人文知识、技能，提高学生的主观能动性，增强学生的社会协调能力、意志品质、爱国主义、合作精神等。

详细来说，健美操教师应当重点提升的素质包括以下几个方面。

(1)教学积极能动性

健美操教学的改革需要健美操教师能够主动地发现教学中存在的问题，了解学生的需求与心理感受。在加大加强健美操教师的师资培养的同时，还要加大力度提高健美操教师的积极性。

关心爱护学生的学习和成长，保持一种持久稳定的工作积极性，把学生培养成为全面发展的人。

(2)明确健美操教学意识

由于健美操教学研究在我国重视不够，健美操教师只把健美操课程当成体育锻炼，而没有考虑人文素质教育的渗透问题，因此提高健美操教师正确的教学意识是提高健美操教师素质不可避免的工作。

(3)提高教师健美操教学能力，强化教师业务水平

健美操教师应当利用多种方式来提升业务水平。针对健美操教师自身条件有限的情况，学校应当积极支持，大幅度提升教师的实际能力和综合素质，从而进一步充实健美操教学内容、使学生产生浓厚兴趣、有效提升学生人文素质。除此之外，学校可以大力支持教师在课外“充电”。人文素质教育并非短时间可以完成的事情，一定要厚积薄发，所以健美操教师需要重点提升自身的人文素养，在健美操教学中有效实施人文素质教育，促使人文素质教育渗透在教学的所有环节。

（五）拓宽参与健美操渠道，提升学生人文素质

学生参与健美操教学的途径也是影响健美操教学的重要因素，健美操参与的途径应该是多样的，除了课堂教学外主要包括以下途径。

第一，加强校内健美操俱乐部建设。提高学生从事校外俱乐部健美操练习的水平，以丰富大学人文素质教育的内容和形式。开展内容丰富多彩、形式各具特色的社团活动和运动竞赛活动，设立健美操协会、俱乐部等，使学生可以体验到丰富的健美操内容，提高学生学习健美操的兴趣，促进学生健美操锻炼的长期性。

第二，定期举行院系或全校的健美操比赛，增加大学生参与竞争的意识，在竞争中体验健美操的乐趣，享受团队氛围，提高学生的责任感，培养其组织能力，弥补课堂教学的不足，丰富大学人文素质教育的内容和形式，这样既可以丰富业余生活，又有益于

学生身心的健康发展。

第三，丰富健美操课外活动。将课外活动作为健美操课的延续，保证学生有足够的实践活动时间，同学们根据自己的实际情况进行锻炼，还可以建立领操员制度，充分发挥有这方面特长的同学的积极性。高校还要创造条件，提高教学质量，改善健美操房的硬件设施，加大重视程度，加强教师的指导，在宽松的条件下寓教于乐。除此之外，学校可以聘请校外健美操指导人员，从而科学有效地指导学生，进而弥补健美操教师在业务方面的局限性，最终使得学生课余健美操锻炼的效果获得有效改善。

第五章　现代健美操的创编教学与音乐解析

健美操是一项综合性很强的运动。成套健美操动作都是相关人员通过辛苦努力创编出来的，而健美操也离不开音乐，健美操运动的音乐也是经过选配和制作才得以应用的。本章主要对健美操的创编和音乐进行深入研究与分析。

第一节　健美操创编的要素与依据

一、健美操创编的要素

所有成套的健美操动作都由一些基本的要素所构成。从构成动作的外部表现来看，包括完成的动作和伴奏的音乐；从成套动作存在的载体来看，主要包括空间和时间。健美操的创编是将所有因素通过动作展现出来，要求动作表现得热情、奔放、有活力；每个动作之间衔接巧妙、流畅；动作组合连贯、新颖；音乐选择有韵律、有节奏。健美操创编有以下几个要素。

（一）动作要素

动作形式包含动作的节奏、动作的起止路线、动作的力度。动作的多种运动形式之间存在着内在的统一。健美操的基本动作对动作的轮廓有了界定，赋予动作外形和过程。动作形式间的相互转换以一种动作形式衍生出另一种动作形式，体现出起伏、流畅和协调，表现一种藏于身体内准备用动作形式表现的欲望。动作形式间的转换，以身体运动的连续表现出的美感和后继动作的节奏实现前后呼应，在情感与动作形式的充分融合后体现出美感。动作形式的表现方法有两种：一是把自己融入动作中，表现动作自身的精神实质；二是把自己融入动作中，对动作自身的精神实质加以体会，表现的是动作的过程，充分体现出健美操运动的精神风貌。

（二）音乐要素

音乐伴奏是健美操运动中不可或缺的角色。它与动作相互配合，相互促进，形成一个完美的整体。音乐在健美操中不仅仅是一种节奏或音符，而且是非常重要意义的构成要素。一方面它对于动作的编排起着组织、串联的指导作用；另一方面对整体动作的气氛起到渲染和烘托的作用，抒发出情感，表现出风格，有助于练习者展现出个人的魅力。通过乐曲的渲染、烘托，动作变得更加生动活泼，更具有艺术表现和审美情趣。

（三）空间要素

进行健美操运动的场地有很多种，比如室内的健身房、舞台、室外的操场、公园等，这决定了健美操会受空间条件的制约。如在健身房、公园进行的健身健美操和在舞台进行的表演健美操，在动作幅度和队形变化受场地限制。健美操动作的空间特征主要表现在表演者方向的确定，路线和空间层次的选择和应用，以及集体队形的变化等方面。

二、健美操创编的依据

（一）依据练习者的基本特征

健美操是一项参与性较强的体育运动项目，具有老少皆宜的特点。所以在健身健美操的创编过程中要考虑到不同年龄群体的特征，对练习强度、感受能力、表现能力等方面区别对待，做到有的放矢，考虑到所有人群。在创编风格、技术难度、负荷大小等方面因人而异，这样锻炼才会收到效果。

1.练习者的年龄特征

人有不同的年龄阶段，各阶段中的生理、心理具有显著差异，因此，在健身健美操的创编也有很大的区别。

(1)儿童少年

儿童少年含苞初开，处于最天真、最烂漫的时期，因此为他们创编突出活泼、向上的特点，动作力度、身体负荷不可太大。儿童健美操动作具有自然、轻松、欢快、易于模仿，可多一些活跃性、趣味性较强的动作，配以儿童喜欢的歌谣、音乐等作为伴奏，充分发挥少年儿童爱表现、爱模仿的特点，反映出小孩的天性。

(2)青年人

青年人正值青春，是人生最美好的时光，他们体力充沛、精力旺盛、身体素质处于最好时期，可选择动作幅度大、速度快、力度强、富有韵律的动作，配以节奏强劲、动感十足的音乐，以突出青年的奔放与激情。

(3)中老年人

中老年人处于人生的夕阳时期，适合进行简单、安全、舒展的动作，力量和速度都不可太强。既要突出稳重大方，又要让他们展现出活力，感到“越活越年轻”，对生活充满乐观，在音乐选择上注重更平缓的乐曲。

2.练习者的性别特征

健美操向外界展示的是人体的力、美、健。因为人具有性格差异，因此美的表现方式完全不同。男性力量更足，在创编时要在选择和设计上着重表现男子的阳刚之气，表现出豪迈洒脱的动作造型。女性具有阴柔之美，女性的柔韧性、敏捷性更好，在编排上可多一些舒展、柔美的动作，多采用舞蹈性动作，展示女性矫健的身姿。

3.练习者的身体状况特征

健美操的主要特征之一是健身性，发展人类的基本运动素质，创编健美操应该在安全的前提下，表现出健美操的健身性。因此，创编健美操应依据练习者的身体条件，充分考虑其自身的综合因素，根据练习者身体的协调性、灵活性、柔韧性、节奏感等能力，同时考虑练习者的身体健康状况特征，有针对性地创编负荷量合适、动作难度适宜的套路，追求健身的实效性。

（二）依据场地、设施的环境条件

健美操的创编除了考虑练习者个人情况外，还应该把健美操健身、比赛或表演的场地、设施等环境条件作为依据。健美操在室内、室外都能进行，一般来说，场地设施较好时，可以创编难度稍大些和较为复杂的健身健美操；而设施条件较差，则需要降低健身健美操的难度，防止意外事故发生。另外，健美操的表演或比赛的人数没有太多限制，从几人到几百人，甚至上千人一起做。因此，随着人数多少的不同、场地设施的变化，健美操的创编要根据场地条件及时调整，使健美操的创编与场地、设施等环境条件达到最佳结合。

（三）依据健美操基本技术的特点

健美操动作是以身体各关节的灵活性、肌肉的弹性、韧带的伸展性为基础，在身体各部位参与下进行的，严格意义上说是在身体标准姿态控制技术基础上的有节奏的弹动技术。健美操运动不断深入发展，健美操不断借鉴和吸收其他项目的优点，技术发展日渐成熟，越来越符合大众的健身需求。健美操运动的特点包括身体节律性弹性特点、身体姿态的控制性特点、身体的协调性特点，还派生出力度特点、重心移动等特点。健美操的创编要结合这些特点，使练习者在健美操的练习中遵循项目的技术特点进行练习，充分体会到健美操的魅力。

1.身体节律性弹动特点

健美操在运动过程中自始至终保持着明确的动作节奏感，体现在过程中的重心上下起伏，动作节奏始终与音乐节奏吻合，通过髋、膝、踝的弹动完成动作。健美操动作的显著特征之一是弹性，包括身体各关节的屈伸和缓冲弹性，身体各部分肌肉的屈伸弹性；其比较重要的是身体各关节的屈伸。各个关节的正确屈伸有助于缓冲压力，放松神经，协调肌肉运动，避免动作僵化导致身体受到伤害。另外，身体各部位的弹性也使健美操动作表现出动感活力。健美操创编应该依据健美操的弹性特点，使练习者在练习中充分体验健美操动作的独特魅力。在动作过程中，重心上下有节奏地起伏是动作流畅的前提。

2.身体姿态的控制性特点

在健美操运动过程中，无论动作怎样复杂多变，整个身体要求始终控制在标准健康位置。这里的身体标准姿态的控制技术包括身体重心的正确位置，身体各环节的正确位置，身体各关节的正确屈伸，身体各部分肌肉的正确收缩与放松。正确的身体姿态的控制技术使练习者身体各部位协调运动，有助于练习者更加有效地锻炼，预防身体各关节屈伸过度、肌肉过于收缩或过于放松造成的伤害事故的发生，这就是健美操身体姿态的控制性特征。即便在长时间的复杂多变的步伐组合过程中或动作后，整个身体的标准姿态也不被破坏。通过对身体姿态的控制来体现动作的速度、幅度等，展现健身健美操的动作特点。体现健身健美操所特有的动作力度，并通过对身体姿态的控制来提高人体的体态美。健身健美操创编应该依据健美操身体姿态的控制技术特点。同时，优美的身体姿态会给人以美的享受，提高观赏性。因此，在健身健美操创编过程中，动作的创编应该充分考虑到身体姿态的控制技术特点，体现健身健美操的技术特点。

3.身体的协调性特点

一套完整的健美操动作基本涉及全身的运动，几乎各大小关节及大小肌肉群都要参加运动。动作越复杂，单位动作速度就越快，变化的过程就越流畅，对练习者的要求就越高。为此，要让肌肉保持紧张与松弛的结合，需要关节屈伸动作的节奏和谐配合。健美操动作很多都是所有关节的运动，很少是单关节的局部运动，不仅有对称性动作，而且还有许多非对称的或依次完成的动作。所有动作都要求肌肉、关节协调配合完成动作，体现身体的协调能力。

4.健美操的重心移动特点

健美操创编应该依据其动作的重心移动特点，要求身体重心移动平缓。在日常的练习中，如果重心移动幅度过大，速度过快，非但达不到锻炼效果，而且容易造成练习者出现关节、肌肉扭伤。因此，健美操创编应该注意健美操重心移动的特点。

第二节 健美操创编的原则与方法

一、健美操创编的原则

健美操成套动作的编排是一项复杂的工作，它涉及对象、目标、顺序、运动量与强度，艺术风格与难度等问题。不同类型的健美操既有共同遵循的规律又有各自的特点。

（一）健美操创编的一般原则

1.明确的目的性

把健美操创编成套，首先要明确创编的目的、任务。做操的目的有很多,有健身、矫形、减肥、保健等。有的健美操是为了培养身体姿态,有的是为了进行形体训练,有的是为了加强身体素质的发展,有的是为了健美,有的是为了预防颈椎病、肩周炎等某些疾病。根据这些不同的目的和任务,在创编上有不同要求。

2.动作与音乐的统一性

音乐是健美操的灵魂,健美操如果没有好的音乐进行伴奏,那么就做不出健美操的节奏和韵律,体现不出美感。健美操的特点和风格是通过音乐的协调配合表现出来的,没有音乐是不行的。因此,动作的性质、节奏、风格以及练习者的情绪与音乐的旋律、风格必须融为一体,否则就显现不出艺术性。音乐节奏快慢与强弱、音调的优美和谐,能够关系到动作节奏的快慢、动作力度和幅度的大小、动作起伏及运动负荷的大小等。动作和音乐旋律协调一致,能够激发人练习的情趣,体验到愉悦,享受到运动的魅力,就能通过健身达到陶冶情操、调节情绪的目的。

在选择健美操的音乐上,一般有三种情况。

第一种情况是先确定配乐,再按照音乐的节奏、特点、风格、音乐的段落来设计健美操的动作。

第二种情况是先创编好动作,再请相关人员谱写乐曲。相关的谱曲者可以根据成套动作的节奏、风格和高低起伏来配制乐曲,以达到理想的效果。

第三种情况是先编好动作,根据编好的动作选择现有的乐曲,可能出现动作与音乐旋律不尽相符的状况,因此,根据乐曲把其中不和谐的动作进行改进,尽量使动作与乐曲和谐一致。选用已有的音乐一般需要拼接,在拼接过程中保持乐曲的完整性,不能不分段落地任意切割。

3.动作设计的创造性

健美操动作内容丰富多彩,创造的素材和灵感源于生活。在生活中看到和想到的动作,通过精心的加工能创造出新颖的、优美的、符合时代特点的全新动作。健美操动作需要不断创新保持不竭的动力，保持旺盛的生命力。

动作设计上要体现出健美操的特点，将体操与舞蹈动作结合起来再创造。现代健美操的每节动作多是以组合的形式出现，重点突出某个主要部位的运动。另外，可以将现有的一些动作素材通过改变开始姿势、动作方向、幅度、速度、节奏、路线等方法以及结合具体对象，改编成动作合理的、实效性较强的、新颖的、优美的动作。成套动作中，每个动作的衔接上也要有创造，衔接要巧妙，给人以流畅、完整的感觉。

4.动作设计的艺术性

健美操既是一项锻炼身体的运动，也是一种艺术表现形式。因此，在单个动作设计上，要细腻、大气，力求使体操动作艺术化、舞蹈化、体操化，可以吸收现代舞、民族舞的动作，结合健美操的特点进行再创造，使动作“活而不乱”“美而不花”，注意多方向、多角度、多层次地展开。整套动作的艺术处理上，要讲究抑、扬、顿、挫、起、承、转、合，注意动作的大小搭配、左右回旋、上下起伏和快慢交替。每个动作的连接不能太满也不能太快，要留有余地，给集体队形变化留出时间和空间。

（二）健身健美操的创编原则

健美操动作的设计应优美、舒展、大方、健康、有活力，符合健美操的特点和练习者年龄的特点。只是把一些固有的动作进行串联是远远不够的，要注重健美操的本质与特点，在整套动作上的结构与时间、空间、运动方式、风格特点、音乐等因素有机结合。成套动作的运动类型与难度动作选择必须均衡，具体表现在以下两个方面。

一是类别数量的均衡，即在动作中尽可能地把动作的类别及数量进行恰当的安排，应根据目前动作的发展及练习者的特性而定，不是安排的难度越大越好。

二是结构上均衡，对成套动作中所有动作的前后安排得均衡，不能让某个动作出现太多次数，要表现出动作类型、方向、空间的变化。

1.鲜明的针对性

根据参与者年龄、性别、兴趣爱好、运动能力、身体情况的特征，以及发展或改善身体某部分的需要，编制各种形式的健身健美操，是为了达到参与者某种需求，这就是针对性原则。创编健身健美操时首先要进行认真的调查研究，针对参与者的心理和生理特点及时间、场地、器材条件和练习对象的要求，全面考虑多种影响因素。

2.全面安全、无损伤

在健美操创编的过程中，选择的内容要使人体各部位的关节、肌肉、韧带得到全面的发展，改善内脏的功能，应包括头颈、上肢、下肢、躯干各部位的动作。头颈动作应有头颈的前后屈、左右侧屈、左右转动、绕及绕环等动作，上肢动作应有肩、肘、腕、指各部位的屈、伸、举，振、摆、绕与绕环等动作，下肢动作应有髋、膝、踝、趾各部位的屈、伸、举、摆、绕、转、踢等动作，躯干动作应有胸、腰各部位的前后屈、左右侧屈、左右转动、绕与绕环等动作。

另外，可以采取选择走、跑、跳、转体、波浪、造型等多种多样的动作，促使身体得到均衡、全面的锻炼，同时还要保证动作的安全性，避免出现损伤。

3.合理安排动作顺序

健身健美操的编排结构可分为三部分。

(1)准备动作

活动远离心脏的部位。如以踏步开始准备动作，然后加深呼吸或进行头颈活动，之后再进入主体部位的活动。要求是动作柔和、速度缓慢，在一开始为整体动作打好基础，做好身体和精神上的准备。

(2)基本动作

基本动作从头颈或上肢动作开始，再进行肩、胸、腰、髋和下肢等多关节部位的全身运动和跳跃运动。

(3)结束动作

结束动作是整套动作的收尾，一般应选择一些幅度大、速度缓慢、轻松自然的整理四肢和躯干的练习，使身体和心率尽快恢复到运动前的状态。

一般每套健美操动作由若干大节构成，每一大节侧重发展某一部位的任务，通过不同角度去影响身体的某一个部位，使该部位得到充分、全面的锻炼。如编排体转运动时，可采用站立、半蹲、出髋及变换上肢做转体运动；编排肩部运动时，可采用提肩、前后摆肩、肩部前、后绕及绕环，配以不同的下肢动作，把肩部活动的每种做法组成一个小节，由若干小节构成一个大节。每套动作的节数和每节动作的重复次数，根据参与者的需求和特点来定，通常由 10～12 大节构成。

4.合理安排运动负荷

编排健身健美操时，必须遵循人体的生理循环规律，运动负荷由小到大，心率变化由低到高，逐步、稳定地上升，体内代谢达到最高速率，之后速率开始降低，趋于稳定，直到运动结束。编排动作由易到难，速度由慢到快，强度由弱到强，循序渐进，当达到稳定负荷后持续一段时间，之后开始降低并逐渐减小，直到运动结束。

(三)竞技健美操的创编原则

竞技健美操在我国是一种独立的体育竞赛项目，发展得日趋成熟与国际同步。竞技健美操的创编作为竞赛的先导环节，直接体现出运动员的竞技水平，直接关系到运动员的比赛成绩。在竞技健美操中，明确创编的指导思想、研究并遵循竞技健美操的创编原则是表现出竞争力、取得好成绩的因素之一。

1.适应规则变化性原则

比赛规则是保证比赛公平的前提，所有参赛者都必须要遵守它。比赛规则某种程度上是衡量动作编排及完成情况的标尺，能够评判整套动作艺术、完成、难度等各个方面的优劣；规则在某种意义上又是指南针，为动作创编者和参赛运动员指明了道路。因此研究并执行规则不仅仅是教练和运动员的职责，同时也是创编者进行动作创编的依据和原则。

竞技健美操自诞生以来发展、起步较晚，且中外各地区发展速度不一。我国自1987年举行第1届“长城”杯健美操邀请赛开始，至今已举办了多次竞技健美操的赛事。从最初只进行规定动作比赛，到现在直接采用国际规则，发展变化之快是十分惊人的。目前，国际上具有影响力的健美操国际组织不止一家，其制定的规则也各具特色。

1998年，健美操归属国组织——国际体操联合会在法国举行了第1届世界健美操锦标赛，这是第一次举办真正意义上的国际大型健美操赛事，此后该赛事每两年举办一届。

1994～1996年，竞技健美操有了新的要求，创编套路的时间为1分50秒至2分10秒，并取消了其他国际组织通用的规定动作，即4次俯卧撑、4次仰卧起坐、4次大踢腿，取而代之的是两个8拍组合动作与6大类难度动作。两个规定组合是一组对称动作，另一组由5个基本步伐、3个连接步伐的动作组合。6大类难度为静力性力量、动力性力量、平衡、跳跃、踢腿、柔韧。

1997～2000年，竞技健美操规则取消了对称及组合性动作，保留了6大类难度，发展为7个层次，对难度动作数量加以限制，一个成套中最多出现16个难度，以12个最高难度计分，除此之外对动作的连接、操化动作的运用、场地空间的运用、艺术性、创新与动作变化上也有详细的规定。

2001—2008年，竞技健美操规则又把6类难度合并为4类难度，具体难度如下所示。

A 类：俯卧撑、倒地、旋腿与分切。

B 类：支撑与水平。

C 类：跳与跃。

D 类：柔韧与平衡。

此外，还规定难度动作数量限制为 12 个，允许两次腾空成俯撑动作，地上动作不得超过 6 次，取消艺术加分等。在比赛过程中，对于整套动作的评判是以规则来进行的，因此创编者在创编前首先必须明确的是要遵循规则、认真学习比赛规则，同时对规则中所规定的各项条款特定规则、补充规则的具体要求都能理解和掌握。全面了解规则和要求后，在编排上才会做到准确和严谨，才能在竞赛中取得成功。

2.提高竞技性原则

竞技健美操作为一项竞技体育运动，最终目的是要通过比赛区分优劣，比赛能够检验运动员日常训练的效果，优秀的成绩和表现源自运动员平常刻苦的训练和练习。如何表现出运动员的竞争力，是成套动作的创编上需要注意的一个问题。

国际体联健美操委员会主席约翰·艾特肯森在国际体联会议上指出："我们要严格维护健美操特色。"健美操在比赛中的特色在于身体姿态的控制技术基础上表现出有节奏、有韵律的弹动控制技术。这种技术的竞技特征表现为动作的难度与配合，动作形式的花样与连续性，身体负荷的高强度等。所有这些都是围绕着体现运动员的身体素质(即力量、耐力、速度、柔韧、灵敏、协调能力)、独特的吸引力(动作设计、动作表现及气质)、智慧(动作表现出的战略战术和不同层次)、心理素质(情绪和情感的表现)而进行比较的。对于这些所有的综合考量，直接反映出竞赛中运动员的竞技能力，因此在编排中体现竞技健美操的竞技能力是创编中另一个重要的指导思想，也就是我们所说的竞技性原则。

竞技性原则在竞技健美操编排中的运用主要表现在如何提高运动强度，具体原理是竞技健美操体现着运动员的竞技能力，要想在比赛中取得较好的成绩就要编排出高强度的动作内容，从而体现出运动员的竞技能力。想要理解竞技性原则，首先要理解决定竞技健美操强度的因素，具体有以下内容。

(1)决定竞技健美操强度的因素

①动作频率。单位时间内完成动作的数量，以高速度完成动作，展示出完成复杂、快速动作的能力。

②动作速度。完成单个动作的时间快慢，展现出动作的力度。

③动作幅度。运动员大幅度完成动作的能力。

④耐力。在成套、没有间歇的动作中保持心血管系统运动强度的能力。

⑤抵抗重力的运动能力。腾空高度、爆发力，尤其是连续完成空中动作的能力。

以上各因素能直接影响和决定着运动员的竞技能力。

(2)竞技性原则下健美操的创编要求

在编排整套动作时，考虑上述因素的同时，也要按以下要求创编。

①下肢步伐一直处于弹动状态，多采用高强度的步伐，如后踢腿跑，弹踢腿、开合跳等，也可采用这些步伐的变形步伐。

②上肢动作在1个8拍中必须出现一次极限的上肢伸展，即出现一次垂直方向的最高点。

③两只手臂都必须有相关动作，不能出现只活动一只手臂的动作。

④在成套动作中，不能出现没有动作的停顿，即使两拍也不能停下来。

⑤在成套动作中，必须出现至少1个8拍的动作节奏变化，也就是提高动作频率的编排。

⑥把比赛场地分为相应的几块区域，在提高竞技健美操强度的编排中，增加区域移动的编排。

⑦集体项目中，减少配合、托举动作前的准备动作。

⑧增加身体运动的方向、面和转体。

需要注意的是，必须清楚竞技健美操要求运动员完美完成每一个动作，因此教练在编排过程中必须要了解运动员的能力水平，宁愿采用运动员可以掌握和完成的、难度稍低的动作，也不要贸然采用运动员没有熟练掌握的高强度动作。

3.针对性原则

(1)针对运动员的特点创编

创编者要根据运动员的特点创编出不同风格的健美操。每个运动员之间都有差异，除了个体上的差异，还有运动能力、身体素质、技术、动作习惯等方面的差异。所以，教练员在创编中应充分掌握运动员的个体特性及各方面的情况，并充分挖掘每个人的潜力，考虑到每个人的特点去创编才会收到好的效果。例如有的运动员弹跳能力好，给其多安排一些跳跃性强，难度大的动作，令其充分展现优美的跳跃步伐、轻盈的空中姿态；对于柔韧性好的运动员，可以编排难度较大的劈叉、平衡、多方向的踢腿动作等，展示其舒展优美的肢体和矫健的身手；有的运动员力大无比，可以编排一些难度较高的俯卧撑、支撑等动作，表现出力量的刚劲之美。

(2)针对项目的特点创编

竞技健美操详细分类有男女单人操、混合双人操、三人操、六人操5个项目。单人项目不用考虑配合和队形的问题，其动作语汇的丰富独创和特定动作设计的难度是创编的核心。而集体性项目创编要强调一致性和整体性，讲究整个队伍的对称或均衡，同步与配合动作的巧妙组合以及整套动作造型的全景效果。

4.整体性原则

竞技健美操也像健身健美操一样以全面整体健身为根本目的，但在其创编中所坚持的全面整体性与健身健美操的要求是不一样的，它不一定按照由远而近、自上而下的顺序全面整体设计身体各部位的运动,而主要是全面发展人体整体的力量、柔韧、灵敏、耐力等身体素质。因此,在创编过程中,教练员必须考虑到在编排中如何更好地展示运动员整体的身体素质。整体性原则的运用在创编过程中主要表现为对难度动作的选择。

整体性原则是指在成套动作中,各类难度动作能够达到一种最佳组合状态,处于一种和谐与平衡,不让某一类难度过分地集中出现。事实上,每一类难度动作都体现着人体不同的身体素质,在挑选难度动作时,也应该考虑所选择难度动作组别的均衡性,以体现运动员整体的身体素质,使成套动作的难度动作数量比值基本与四个组别的比值接近。

5.创新性原则

竞技健美操在竞争上越来越激烈,若想在群英荟萃的竞赛中脱颖而出,动作的新颖和独特是取胜的钥匙。在某种意义上来讲,创新是竞技健美操发展的生命,没有创新,竞技健美操的发展就会停滞不前。竞技健美操的创新可以从多方面着手,比如动作的创新、队列的创新、连接的创新、音乐的创新等,所有创新中,动作的创新是基础,应受到教练员与运动员的重视。

创新性原则在创编中的体现是其编排的独特性。在创编一套动作前,首先要理解规则,掌握好方向和尺度,这样才会把握住健美操的艺术魅力。具体做法是选择一个主题或主要内容,如读书、欢聚等,在整套动作上要突出主题,让动作表达出中心思想和整体效果。但值得注意的是,主题也不能过多地展现,因为要取得好成绩,每个动作还是要为竞技能力服务,两三个动作体现出主题即可,也可在成套中反复出现同一主题,采取不同的动作,但以不超过三次为宜,与此同时,要使主题与其他因素有机地结合,体现出独特性。

音乐优美完整及独特的节奏和风格是展现动作与艺术性的动力。音乐是一种优美的表现形式,它可以为创编者提供创造的源泉,让创编者产生灵感。恰如其分地运用这些表现手段,能够突出艺术效果，让动作富有生命。在创编中应对音乐的结构、节奏、旋律、配器等诸多因素进行分析，找出音乐和动作的结合点，特殊的音响效果会给动作增加效果。在音乐的选择上必须有利于体现竞技健美操的竞技能力。因此，动作的创编中不能忽略音乐的作用。

国际规则，关于艺术创造性有着“表演是与众不同的，独特的和非凡的”的表述，并在完全新颖的音乐和独特的动作时指出“当所有的因素被编排和融合一起时（动作设计表现力、音乐、配合），才能形成一套与众不同的独特的和令人难忘的成套动作。动作设计、健美操组合的编排、过渡动作、不同的队形，这些都是新颖的、与众不同的、不可预见的。并且通过运动员的动作和表现与音乐风格完美地结合起来，再加入一些以前无人做过的具有特殊感觉的小动作细节。在一套动作中可体现一个主题”，“动作设计、音乐、表现和服装都与主题密切联系。各种因素完善地结合在一起，便之具有独特的个性”。这三方面内容在创编中应有目的地综合使用，加大创新力度，成套动作才能不显得俗套，与众不同，受到好评。

6.艺术性原则

竞技健美操是以人体动作作为表现自己的物质手段，也是一种通过表情表达思想的艺术，以具体的、可视化的形象高度显示出人的灵巧、力量、智慧，显示出人的支配和创造的能力，同时也表现了人的思想感情和精神风貌。竞技健美操比赛中，运动员的内在精神气质和外在动作表现的统一体现出艺术表现水平，运动员通过面部表情，融合音乐，更好地体现动作的艺术美感和动作意境，征服观众和评委，体现艺术表现力。运动员通过自身的表现力及自身的形体动作来展示竞技健美操项目的艺术表现美，因此，艺术表现美是健美操运动员自信能力的体现，展现出人类各种优秀素质。

具体来说，竞技健美操的艺术表现美体现在各种动作能轻松完成，自信能力强，动作舒展优美，有力度、有节奏，动作与音乐紧密结合，充分表现动作的美感，充分体现其动作内涵，音乐韵味和个人的性格特征，充分地展示美，征服观众和评委，真正给在场所有人留下深刻印象，让大家得到美的体验。竞技健美操作为一种艺术性的体育竞赛项目，其对其艺术性独特的要求使它的创编更加复杂，更应该遵循艺术性原则。创编时首先要注重整体结构设计的艺术性，整体结构设计合理才能产生悦人的节奏感和张弛有序、高潮迭起之美感。其次，要注意音乐选配的艺术性，与操的结构相吻合的音乐往往能起到推波助澜、锦上添花的作用。最后，要注重队形动作设计的艺术性，选择更能体现出艺术美、动作美的队形，这样才能使整套操的风格更加鲜明、统一。

二、健美操创编的方法

健美操要体现出活力、动力、趣味和出众的动作表现，并发扬创新精神。动作设计、健美操组合的编排、过渡动作、变化队形是创编健美操的基本过程。当动作设计、表现力、音乐、空间变化、队友配合等因素全部融合时，才能形成一套与众不同、独具特色的整套动作。

（一）健美操创编的基本步骤

（1）编制总体方案

根据创编的目的、任务、要求，了解练习者或运动员的相关情况、练习时间、场地等条件。确定健美操的风格、类别、长度、速度；构建基本架构，设计操的结构顺序；安排运动高潮的时间。

（2）动作的选择与确定

根据操的风格、类别，按照创编原则选择与确定单个动作和组合动作。

（3）音乐的选配、制作与剪辑

在音乐的选择和制作上也是健美操创编的重要一环。音乐的节奏与速度严格地控制着动作的节奏与速度，很大程度上也控制了运动强度。就速度与节奏而言，当时间固定时，节奏与动作越复杂、越快，运动强度越大，反之越小。音乐对动作风格起到指导作用，其风格受时代的变化、民族、地域、环境、创编者等因素影响，音乐与动作充分协调后，音乐才能有力地支撑起动作。

(4)练习与修正

练习整套动作的过程中，应该对整套健美操结构顺序的合理性、表现的艺术性进行检验，根据练习者和观看者的整体评价进行反思和改进。

(5)汇编成图、文字说明、视频

文字说明要简洁而准确，图解根据实际情况绘成详图、简图。也可以采用摄像、照片的计算机处理，刻录到光盘并备份到移动硬盘、网盘中，妥善保存。

(二)健身健美操的创编方法

1.多向思维法

从多角度、多层面去思考问题，是健美操创编者要注意的。由于创造性思维需要产生不同寻常的思维结果，因此它要求人们从单向思维转向多向思维，在逆向、侧向、发散等思维辐射和转移中寻找到新的设想。对多向思维能力的培养，应注意对某一问题的思考要从全局出发，提出多种思路。当思维在某一处受阻时，要改变思维的走向，当久久思考找不到思路时，可以把注意力转向其他方向，寻求新的启示，当运用通常的方法解决不了问题时，可考虑交换事物的条件、目标等因素，从不同的途径去解决问题。

2.联想创新法

人要善于把一个事物的思维联系到另一个事物或几个事物的思维。创造性思维的本质在于发现原来以为没有联系的两个或几个事物之间的联系。因此，联想思维可为创造性思维进行引导和铺垫。知识水平越高，联想的广度和深度越大，也越容易产生新的联想，如联想能与边缘学科的知识有机结合，就会出现新思维。联想创新需要灵感，灵感思维是指突如其来的对事物的本质或规律的顿悟与理解，以及使问题得到解决的瞬间思维形式。捕捉灵感的能力是指具有将瞬间即逝的灵感思维紧紧抓住，并加工创造出新的设想和思维。它是通过紧张深入思考的探索之后产生的思维成果，具有突发性和瞬时性特征。灵感思维的出现人们往往没有心理准备，很容易稍纵即逝。所以，要及时记录下灵感思维的内容，保持思维热线并适时向纵深扩大思维成果。灵感的产生与艰苦积极的思维活动，丰富的知识经验等因素有关。

3.录像分析法

录像分析是一种借鉴思路的创编方法，一般从他人的套路中吸取其精华，为自己的成套动作起到启发作用。运用录像分析法时，主要关注以下几个方面。

(1)成套结构

成套结构是指在参看比赛套路时主要参看成套动作与音乐结构的关系，即音乐段落与动作段落、音乐情绪与成套情绪以及音乐高潮与动作高潮是否能有机结合。

(2)难度分配

难度分配是指在参看套路和动作时主要参看成套动作中难度动作的分配规律。首先，是难度分值的分配；其次，是难度动作组别动作的选择；再次，要观看难度动作在成套动作中的位置。

(3)基本操化动作的连接

基本操化动作的连接是指在观看动作录像时，主要参看成套动作中基本操化动作的连接编排，仔细查看动作的连接处，一个动作的结束与下一个动作的开始是如何衔接的。

(4)过渡与连接动作的编排

过渡与连接动作的编排是指在参看比赛套路时主要参看过渡与连接动作的选择。新颖的连接动作会给人留下深的印象，同时烘托成套动作的主题表现。参考其他优秀的过渡与连接动作的编排会给自己提示和启发，使之能运用于自己成套动作的创编。

(5)托举与配合的创意

托举与配合的创意是指在参看比赛套路时主要参看成套动作中过渡与连接的特点，参看动作如何更好体现出音乐的风格。成套动作中托举与配合动作是最能体现成套构思、音乐主题的关键，因此托举与配合动作的创意对成套动作的创编有非常重要的启发作用。

4.三维动画辅助法

用电脑三维动画技术可以辅助教练员创编健美操出高质量高难度的动作，辅助运动员加快完成动作的定型，对创编动作在训练中和比赛中出现的问题进行及时的目标反馈、重构和完善，减少了运动员在练习过程中的损耗，节省了时间。

然而在实际的健美操训练中，创编动作的过程仅仅是在教练员和运动员的大脑中和身体上试验完成。运动员尝试练习动作时，始终存在着主观与客观的因素，这直接影响了练习效果。这些因素的影响使教练员和运动员感到缺乏一个能够清晰、稳定、完整、快速的创编和演示动作的辅助工具，对动作进行定量化和形象化的理解。电脑三维动画技术创建出一个完成的动态模型，创建出虚拟的动作，进行试探、分析、评价、反馈、修改和确定等工作，可以减少创编环节中的消极因素，提高创编的效率和质量。运用电脑三维动画技术辅助创编是一个新思路和新方法，值得尝试。

创编动作是针对新的动作技术和新的比赛规则进行的，能够更加准确和细致地理解动作类型、等级、趋势或比赛规则，对运动员的比赛成绩来说是至关重要的。如果用电脑动画技术辅助解释比赛规则，就可以加快运动员对规则的理解。

绝大多数创编动作都是教练员、运动员根据原有动作的基础改进而来的。由于“电脑数字编辑”能够复制和拼接，方便教练员和运动员从现有动作创造出另一个新的动作。通过该方法，使动作的形象性、经验性更趋向于动作的专业性、多样性。所以，电脑动画有助于在原有动作的基础上方便地设计出变通的动作调整方案。

5.基本组合法

基本组合法是指按照健美操动作编排原则和方法，将两个或两个以上独立的技术动作通过巧妙的结合或重组，形成新的技术动作或成套组合动作。健美操的动作组合既可以是同一类型动作变化为多个不同特色风格的动作，也可以是不同类型多个单独动作进行适当重组，最后完成成套动作的编排。

健美操动作创新组合不是简单的动作技术堆积，更不是七拼八凑，而是要形成形式多样、技术独特、动作新颖、结构合理并与音乐相辅相成，创造出新的动作组合，这对教练员组合创新思维能力提出了更高的要求。

第三节 音乐与健美操教学的有效互动

一、健美操与音乐的内在联系

（一）身体形态与自信心

自信心是舞台表现的精神支柱，对健美操的动作具有强化和渗透的作用。自信心的提高，在身体形态上表现为面部表情富有自信、目光中充满自信、动作准确的自信等，而不同身体形态条件的学生，有着不同程度的自信心。比如说，身体形态更好的练习者更乐于表现自己，反之，身体形态稍差的练习者则缺乏表现自我的信心和勇气。富有激情的音乐能给练习者增添信心和勇气，从而把动作表现得更到位，表演效果和质量随之提高，同时音乐的感染力也会随着练习者信心的提升而体现，二者相得益彰、相辅相成。

（二）动作力度与空间位置感

力与美的结合是健美操动作表现的突出特点。无力不为健，力道过于刚劲则不美，只有在不断变化的动作中，适时、适度地展示力量，才能感到健美。练习者对动作力度的驾驭建立在动作空间位置感基础之上，把握最佳表现的空间位置，也是衡量其健美操艺术表现力的重要标准。健美操一般是在群体的配合下进行的，同伴在动作表现时，肢体动作不是处在相对固定的位置上，而是在一定范围空间内活动。这要求练习者能把握动作节奏，并使动作节奏符合力量美的特殊要求。音乐节奏与健美操动作节奏有着密不可分的关联，节奏感强的音乐旋律能引领健美操动作节奏准确、到位，而富有节奏的力量美更能映衬出音乐在节奏和旋律上的美感。

（三）个性特点与感染力

健美操中的感染力一般是指人的表现力对观众、同伴产生良好共鸣效应的能力。它具体表现在面部、目光接触、身体语言等多方面的效果和方法要求，比如神态、神韵以及展现出的活力等。每个人的感染力也有明显的差异，因人而异选择音乐伴奏可以提高音乐对表现力的感染效果，而富有个性的表现力又能进一步促使人们对音乐的理解，提高艺术欣赏能力。

（四）悟性和审美能力

悟性即健美操意识，是经过系统的教学与训练后，练习者对动作表现具有的一种内在的、深层次的感悟，也是对整体认知的综合效应。经过一段时间的学习后，悟性高的练习者就学会了触类旁通，举一反三。悟性强者不但学习进程加快，能够增加动作表现力，情感表达深刻。

审美能力即人审视美的素养。健美操审美能力具体指练习者对运动中的姿态、速度、力度的规范把握和对音乐的鉴赏力，这对健美操的动作表现起到支撑作用。悟性和审美能力内涵不同，但相互依存，而且都与音乐紧密联系。如当表演者在进行健美操表演时遇到突发障碍，当听到某些旋律时往往可以让人茅塞顿开，促进动作的完成，增强表现力。同时由于音乐能使人产生美的情感和联想，使表演者的姿态、速度、力度更加规范，反过来促进练习者悟性和审美能力的提升。

二、音乐与健美操的相互影响

（一）音乐与动作造型的搭配促进整体表现

早在公元前，古希腊哲学家毕达哥拉斯提出了以朴素唯物论为基础的美学思想，把艺术的造型和音乐的旋律归结为“形”和“声”两大要素，突出强调造型和音乐必须按数的比例和谐搭配的关系。健美操在动作造型上强调力量美与形体美相统一，并在统一和谐的同时，烘托出独有的力量美。按照健美操发展力量的要求，应采用强弱对比明显、速度较快的旋律。大众健美操的速度一般为22～26/10秒拍，而竞技健美操要求速度达到24～30/10秒拍。

大量实践证明，健美操的造型通过节奏感强的舞曲伴奏下才具有活力。要说明的是，健美操造型与舞蹈和艺术体操等项目造型有明显不同之处，健美操动作表现为挺拔、高立的形态美与雄健、娇美的艺术美，即从一种姿态换到另一种姿态，必须形成规范的直线或是曲线的动作路线造型，变换上既要有节奏感，又要求准确地把握与展现动作力度。所以说健美操音乐的选择上其实是有很多讲究的，在音乐与造型的搭配上，那些流行歌曲是不太适合的，它们在速度、节奏、情感、色彩、力度对比等方面上并不适合健美操的特色，“形”与“声”按数的比例不搭配。

（二）音乐的心灵语言作用提高动作的表现力

音乐是心灵的语言，是人类情感表达的一种艺术，它通过塑造艺术形象，表达出人们的思想和情感。健美操音乐更以其特有的节奏感烘托运动背景，促进表现力，体现在以下方面。

①选择适宜的音乐进行健美操练习，能够加快学习速率，增强学习效果。原因在于适宜的音乐伴奏可以唤醒大脑皮层，使其兴奋性处于最佳的状态，进而提高神经系统的整合功能，让人的注意力和记忆力都得到提高。

②选择适宜的音乐进行健美操练习，能够放松身心，感到轻松和愉快，并从中感受到美感。音乐能使人产生想象和联想，最终实现共鸣，这一系列的心理活动能够激发创造灵感，加速对动作表现内在联系的理解，促进动作表现力。

③根据音乐创编动作，可以达到音乐形象与动作形象完美统一。在实践中，从激情的音乐入手，聆听音乐，感受、分析和理解音乐，容易激发练习者和创编者的创作灵感。如采取先定音乐，后定动作的教学方式，可以用于对健美操特殊风格的技术处理，以选用的音乐旋律作为条件刺激，用相应的动作造型不断给予强化，力求做到“声”中有“形”，“形”中有“声”，声形一体，相互结合，使表现力的境界得到升华，表现出健美操运动的魅力。

（三）音乐感染力促进运动技能的形成

动作在形成的途中体现着普遍的规律。运动生理学的研究表明，运动技能形成的最高级阶段是自动化阶段。比如人的走路、跑步、骑自行车等达到了这个阶段，动作只要求大脑皮层较低级的部位就能控制住，而大脑皮层较高级的部位就不会得到运用，转向对其他部位的调控。练习者因身体条件、技术基础、个性特点、心理因素、教学环境等多方面的影响，在统一的健美操教学中，其对动作学习的掌握程度是不一样的，达到的技术水平也参差不齐。技术水平制约着表现力，技术熟练的练习者有着优秀的表现；而技术不够熟练的练习者则表现力欠佳。因此，对于需要提高表现力的练习者，一是注意提高他们的运动技能，即先在技能水平上下工夫，而表现力的到位则不可急于求成，否则欲速则不达；二是在促进运动技能形成的过程中，根据个体差异，采用单独指导的教学方法；三是配合表象训练法，加深对音乐的印象，促进表现力的提高。选用风格不同的音乐，配合相应的训练，在不同环节中开展。例如为了纠正不协调和错误的动作，可选用舒展、缓慢的旋律伴奏；若为了表现动作的刚健有力，可采用节奏明快、有力的旋律，加大强弱拍反差对比。在表象训练法中，要努力使音乐与动作要素融合在一起，加快正确的动作定型。

（四）审美教育提高音乐素养

具有一定音乐素养的练习者往往能较好地根据健美操音乐的特点，把握动作的结构、幅度、力度，建立正确的动力定型，善于理解不同音乐表达出的不同情感，把其渗透在动作表现中，使“声”带“形”，“形”传“声”，丰富人的视觉和听觉效果，从而产生音乐与表现力互动的最佳效应。为此，要增强练习者的动作表现力，首先要加强审美教育，提高他们的音乐素养；其次要在教学与训练中，适时地讲解健美操音乐作品的风格、特点，让练习者正确把握音乐的节奏，并与动作相配合，突出整体的艺术效果，让音乐随之升华，又能使动作的表现力大幅度提高；既可提高健美操的健身、健心的锻炼功能，又可充分展示健美操的欣赏价值，真正实现音乐与表现力互动的最佳效应。

第四节 健美操音乐的选配与制作

一、健美操音乐的选配

健美操音乐的选择和制作首先应符合健美操的特点，即节奏鲜明、热烈并具有蓬勃的精神；其次，要根据创编的目的选择音乐的风格，音乐可以突出个性并对锻炼者起到带动作用；再次，可以根据成套的结构或具体要求确定音乐的长短起伏，或根据音乐的长短、起伏来确定成套的结构与动作。

（一）健美操的配乐方式

健美操配乐方式大体上有以下三种。

①先编排好成套动作，根据成套动作的结构进行音乐构思，结合健美操项目特点和练习者自身的特点创作乐曲。这种专门谱曲的形式，对教师和谱曲者的专业知识和艺术创造能力的要求比较高，且花费的时间和精力都很大，所以很少使用这种方式。

②先确定动作素材，构思成套风格，再寻找合适的音乐，根据需要对音乐进行剪辑和加工，再把动作素材与音乐有机地结合起来。

③先选择、编辑好主体音乐，再根据音乐的结构、风格特点，在了解和熟悉音乐的基础上编排动作，最后修改完善音乐与动作细节上的配合。

第二种和第三种方式是普遍采取的配乐方式，但创编者在音乐的选择、音乐与动作的配合和音乐的制作水平上的水平也是大相径庭。

（二）音乐选配要素

1.结合练习者及项目特点

练习者的气质特点对运动能力的发挥起到一定的作用，它是影响个体速度、强度、灵活性等方面的动力性的心理特征。练习者的气质不同,完成动作的情况也不同,应根据其气质的特点选择、编辑音乐,而且要体现出他们的技术能力和表现能力。对于相关的初学者,采用过于复杂的音乐只会暴露他们的缺点。同时还应考虑音乐是否符合练习者的年龄、体形、容貌、气质、技术特点等各方面的因素。

2.整体风格特色突出

乐曲受时代、民族区域、环境、作者风格等因素的影响,会产生多种多样的类型和风格。不管什么风格应当考虑其与动作的配合和被大众所接受的程度。一套动作的音乐可以在多种曲目中进行择取和拼接,但必须要考虑音乐的整体效果,达到统一的效果。一段新颖别致的动作,并不一定完全是靠动作本身体现的,而是音乐将动作的美烘托出来。因此,在编排音乐时,可以通过改变音乐节奏、转换乐器等方法使音乐与动作相互协调统一。健美操音乐的风格基本是迪斯科、摇滚、爵士乐、舞曲等,但这些也会暴露出重复、杂乱、过于刺激、艺术性不强等缺点。近年来出现了一些以民族民间乐曲、古典乐、交响乐、通俗流行歌曲、电影戏曲配乐等为题材编排的健美操音乐,它新颖独特,因此在情绪风格表现上更能引起观众的共鸣。

3.结构层次清楚

健美操音乐要在有限的时间内塑造出有鲜明特性的音乐形象,具有简练、灵活、自由和多变的结构特征,但是结构一般都是由开始、发展和结束部分组成。音乐的开头段就是一场戏的开局,但要在极短的时间内给人以强烈的感受和鲜明的视、听觉冲击力,因此选曲要明确、简练和精致,以达到短时间内吸引大家目光的艺术效果;发展段是整套音乐的精华部分,体现出音乐的内容风格和思想情感;音乐结尾段可表现为首尾呼应,呼应主题或形成高潮后突然静止的宁静之美,它是整个表演的总结概括和印象的完结,使音乐形象更丰满、充实和完美,让人回味无穷。音乐像语言一样,符合对称规律,更形成清晰的句法。当我们决定取舍音乐的某一部分时,不能破坏音乐的基本结构形式,而是利用它为我们的目的服务。

4.过渡衔接自然流畅

乐曲经过拼凑后,还需衔接起来使其完整,在其接口处不能存在明显的痕迹或不顺畅的感觉。接口音调要吻合,要符合乐理,乐段、乐句之间的衔接转换、乐节和节拍之间的衔接更应精确地处理。不同曲目进行剪辑会出现不同的节拍速度,需要先调整音乐速度再进行衔接。乐曲的开头和结尾往往采用不同乐曲,有时节奏不够鲜明,这时应处理好前后速度的一致和旋律转换的融洽与通顺,在接口处不能让人感觉有明显的格调转换。

5.特效运用恰当

健美操配乐中,有一种常见的手法就是在音乐中加入一些和谐的特效音,通过这种手法能增强健美操动作的节奏感,把细节变得更生动、形象,让动作表达得更动感,达到视觉和听觉上的冲击效果。特效有一定的夸张效果,音乐特效的加入应与整首音乐风格相融洽。特效出现的时机必须恰到好处地配合动作和表现,要有明确的目的。音乐与动作的配合能给观众以自然的联想,音量的处理要适度,若要达到震撼的效果,音量可稍大。

6.节拍速度合适

健美操音乐节拍明快、清晰,速度较快,每分钟为150～170拍。结合健美操的相关规定,音乐速度始终一致,并且至少应有一个8拍体现动作的节奏变化。音乐的节奏与速度,严格地控制着动作的节奏与速度,因此也在控制着动作的强度。一般一套健美操的时间是相对固定的,而动作强度却各不相同。动作强度是评定锻炼效果高低和练习者能力的一项指标,假如为了追求快节奏而忽视练习者的运动能力，结果会使练习者动作的力度、幅度、技术等受到明显的影响，从而影响整套操的完成质量。节拍太慢同样则就减弱动作的力度和活跃性，难以发挥出好的水平。确定音乐的节拍速度一定要根据练习者的训练水平和自身条件来定。

二、健美操音乐的制作

（一）健美操音乐编辑的原理及素材

1.数字化音频

对于健美操音乐的制作，对于各种相关的声源，如麦克风、磁带录音、CD 等所产生的音频信息完全可以进行数字化处理。音频的数字化过程包括采样和量化两个过程。数字化音频是一种采样和取样的过程，实现对连续的声音信号进行采样，过程是每隔一段时间读一次声音的幅度，进行量化的操作。量化是将采样得到的在时间上连续的信号，通常为反映某一瞬间声波幅度的电压值的数字化的过程，使其变成在时间上不连续的信号序列，即通常的 A/D 转换。

2.数字化音频文件的格式及来源

（1）wav 文件

wav 文件是微软 Windows 系统中一种声音文件的格式，用于保存 Windows 信息平台的音频信息资源，为系统及其应用程序所支持。由于波形文件是数字化的音频信号，因此，计算机可以很方便地对其进行处理和播放，可以轻松地加快或放慢播放速度，将声音重新组合或剪切成一段进行单独处理，这些通过 Windows 中所带的"录音机"程序就可以很方便地实现。波形文件的缺点主要是其产生的文件太大，如果保存时间长的声音需要长时间的下载或拷贝的时间，故在实际的多媒体课件制作及其他应用时，要进行压缩处理。

（2）midi 文件

midi 音频是计算机中产生声音的另一种途径，可以满足长时间播放音乐的需要。与波形文件不同的是，midi 文件并不对音乐进行采样，而是把每个音符记录成一个数字，并且 midi 标准规定了各种音调的混合及发音，只要通过输出装置就可以将这些数字重新合成为音乐。midi 文件的播放效果取决于声卡上的合成芯片的性能。如果使用波表合成功能的声卡播放该文件，则会使 midi 音乐的音质提高到接近 CD 唱片的音质。

（3）mp3 文件

mp3 指的是 mpeg 标准中的音频部分，也就是 mpeg 音频层。mpeg 文件的压缩是一种有损压缩，根据压缩质量和编码处理的不同分为 3 层，分别有 mp1、mp2 和 mp3 这三种声音文件，相同时间的 mp3 文件要比 wav 文件小，但保真效果相对差一些。

（4）wma 文件

wma 格式也是一种数字音乐格式，在压缩率和音质上都要好于 mp3。

（5）CD 音频

CD 音频是一种数字化声音，以 16 位量化级、44.1 赫兹采样频率的立体声储存，可完全重现原始声音，每片 CD 唱片能记录约 74 分钟的音乐节目。健美操音乐中通常是以 CD 格式记载。

（二）健美操音乐的数字化编辑方法

1.拿来主义

直接用现成的、已经制作好的音乐，从一些迪斯科、爵士乐、摇滚乐和民族音乐中，根据动作时间，直接选用或简单截取自己所需要的音乐，且不需要任何改动，这就是“拿来主义”。这种方法一般是先选择音乐，再根据选择的音乐来编排动作。该种方法在很大程度上限制了健美操动作的编排并且影响到健美操动作与音乐的融合。

2.通过软件进行数字化编辑和效果处理

国内和国外的音频处理软件主要有Easy CD-DA Extractor，Exaot Audio Copy，MP3 Home Sutdio，Acid Wav等。每个软件都有自身特点，可根据需要选择。常用制作与合成的方法有复制、粘贴、剪切、删除、插入、变速、混合等。

收集或制作的声音不一定与动作协调一致，还得对声音文件进行整理，一般成套音乐开头可采用10秒的慢拍或造型变化，以突出风格特点；中间每部分或小的阶段要体现起伏跌宕的节奏变化。

如果是经过剪接，则剪接处前后乐曲的旋律要出在同样的节奏上，并有一定的连贯性，在结尾处要保持音乐的完整性，避免影响结束动作的生硬与僵化。对音乐进行效果处理，使音乐的音量、节奏、速度与动作的节奏、速度更好地协调吻合，调节立体声，增加环绕效果，使音乐有力地支撑起动作。

3.自己创编音乐

可以根据编排的动作，通过鼓点生成器或直接编写五线谱的音乐编辑软件直接创作音乐。专业制作与合成方法有编辑节拍、调号、音符、输入和弦编写五线谱等。可以完全根据动作的需要、自己的风格创编音乐，使音乐与动作融为一体，这需要相关创编者有很高深的音乐乐理水平，一般的健美操老师很难掌握，需要请教音乐老师。

4.文件的保存与输出

在计算机上做好了健美操的音乐，应当保存为wav格式，也就是标准的CD格式，也是我们所使用的大多数刻录软件所支持的格式，最后将wav刻录成CD光盘或录制成磁带，有利于使用和保存。

第六章　健身健美操运动技能分析与教学指导

健身健美操的内容丰富，形式多样，对于健美操运动爱好者而言，他们可以结合自己的喜好和特点自由选择各种形式的健美操，以增强自身身体素质，提高运动技能。本章主要讲解与分析各类健美操的动作技能，以为健美操爱好者参加健美操运动习练提供必要的指导。

第一节　健身健美操基本动作

一、基本手型

一般来说，健身健美操的手型大都借鉴于舞蹈动作，由舞蹈动作演变而来的，常见的健身健美操手型动作有如下几种。

①合掌。五指并拢伸直。

②分掌。五指用力分开，手腕保持一定的紧张程度。

③拳。五指弯曲紧握，大拇指压在食指弯曲部位。

④推掌。手掌用力上翘，五指自然弯曲。

⑤西班牙舞手势。五指用力，小指、无名指、中指自掌指关节处依次弯曲，拇指稍内扣。

⑥芭蕾手势。五指微屈、后三指并拢，稍内收，拇指内扣。

⑦一指式。握拳，食指伸直或拇指伸直。

⑧响指。拇指与中指摩擦与食指打响，无名指、小指弯曲

至握。

健身健美操基本手型如图 6-1 所示。

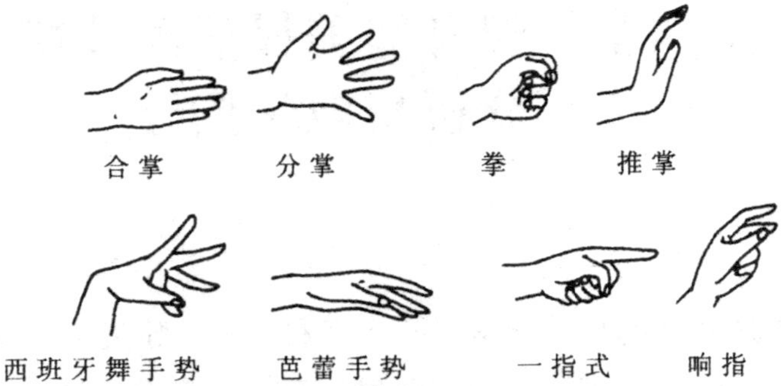

图 6-1

二、头、颈部动作

（一）屈

身体正直，头部向前、后、左、右四个方向分别做前屈、后屈、左侧屈、右侧屈的颈部关节弯曲的运动（图 6-2）。在做动作的过程中，运动者应动作缓慢，以保证颈部肌肉得到充分的伸展。

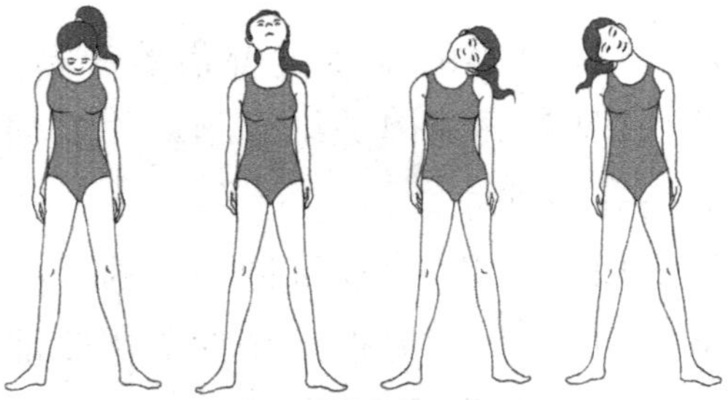

图 6-2

（二）转

运动者头保持正直姿势，下颌平稳地左右转动，头颈部沿身体垂直轴向左、右转动 90°（图 6-3）。

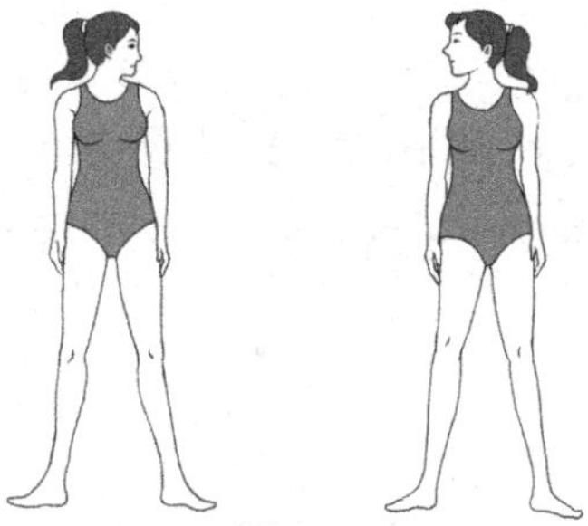

图 6-3

（三）环绕

运动者头保持正直，然后头颈部沿身体垂直轴向左或右转动大约 360°。转动头部过程中，速度要放缓，不要过快。动作要做到位，向后转时头要后仰。左或右环绕（图 6-4），两动作一致，方向相反。

三、肩部动作

（一）提肩

运动者自然站立，两脚开立，身体保持正直姿势，尽可能将肩部沿身体垂直轴向上提起。提肩时，身体不能随意摆动，可单提肩，也可双提肩（图 6-5），反复多次练习，以熟练掌握基本要领。

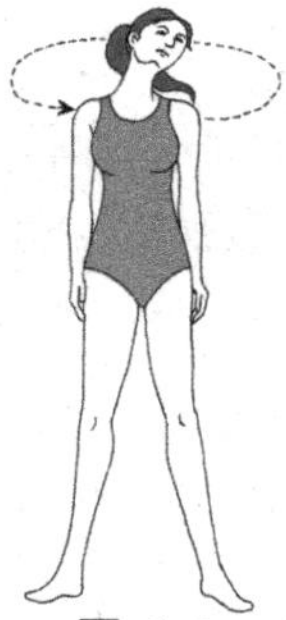

图 6-4

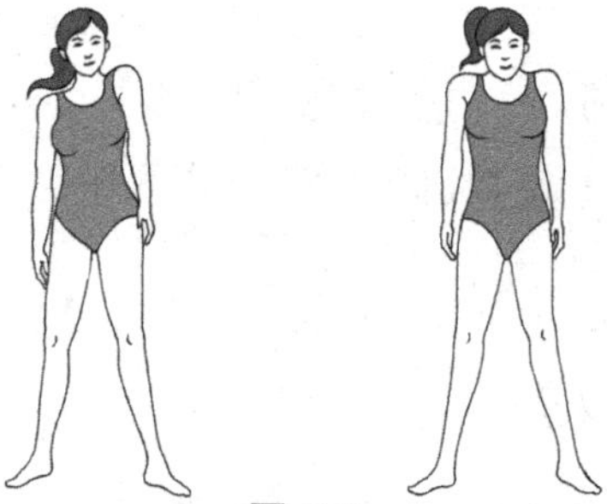

图 6-5

（二）沉肩

运动者自然站立，两脚开立，身体保持正直，尽可能地将肩部（双肩）沿身体垂直轴向下沉落（图 6-6）。沉肩时，身体不能摆动，头尽量往上伸展。

（三）绕肩

运动者自然站立，两脚开立，身体保持正直，然后肩部沿身体前、后、上、下四个方向绕动，可单肩环绕，也可双肩环绕（图 6-7），绕肩时，身体不要摆动，动作尽量地大，要舒展开。

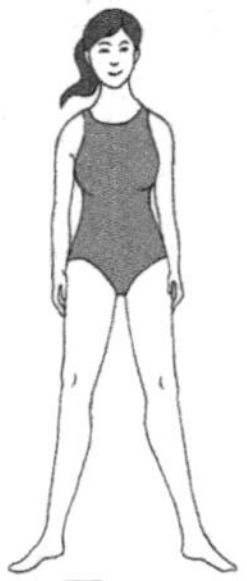

图 6-6

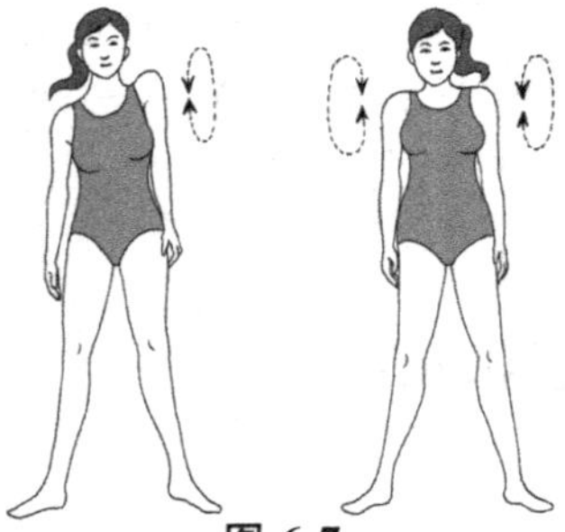

图 6-7

四、上肢动作

（一）举

运动者自然站立，两脚开立，以肩关节为中心，手臂进行前举、后举、侧举、侧上举、侧下举、上举等活动（图 6-8）。要求动作到位，有力度。

（二）屈

运动者自然站立，两脚开立，肘关节由弯曲到伸直或由伸直到弯曲的动作，如胸前平屈、肩侧屈、肩侧上屈、肩侧下屈、胸前上屈、头后屈(图 6-9)。做屈伸时,手臂关节动作要有弹性。

图 6-8

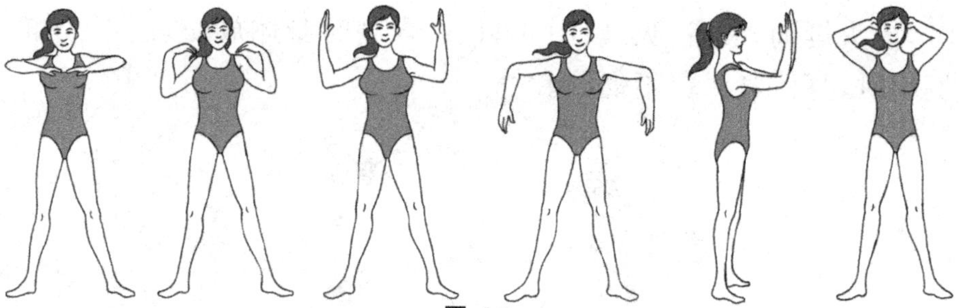

图 6-9

(三)绕、绕环

运动者两脚开立,两臂或单臂以肩为轴做弧线运动,如两臂或单臂向内、外、前、后绕或环绕(图 6-10),在做动作的过程中,要求运动者所做的动作路线要清晰,起始和结束动作位置明确。

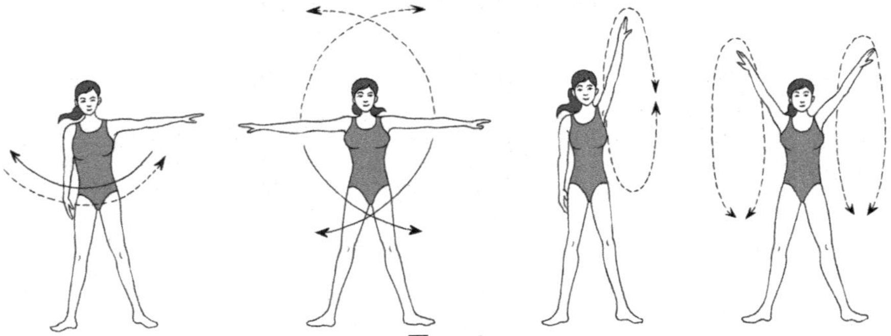

图 6-10

五、躯干动作

（一）胸部动作

①移胸。髋部位置固定，腰腹随胸部左右移动。移胸时，腰腹带动胸部移动；动作要尽量地大。

②含胸、挺胸。含胸时低头收腹，收肩，形成背弓，呼气；挺胸时，抬头挺胸，展肩，吸气（图 6-11）。含胸时身体放松，但不松懈；挺胸时，身体紧张但不僵硬。

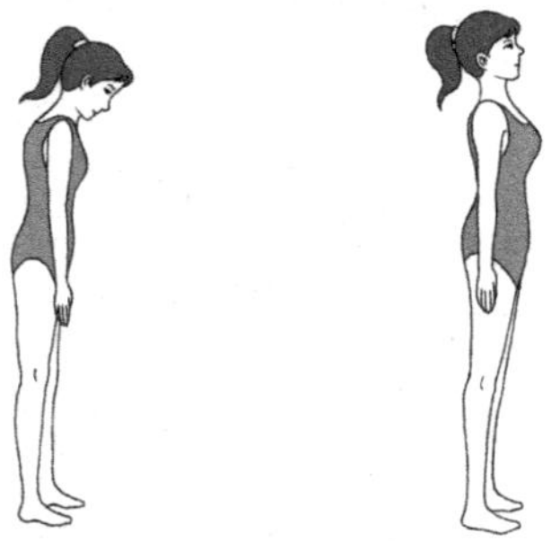

图 6-11

（二）腰部动作

①屈。两脚开立，腰部向前或向侧做拉伸运动，如前屈、后屈、侧屈（图 6-12），腰部动作应充分伸展，运动速度不宜过快。

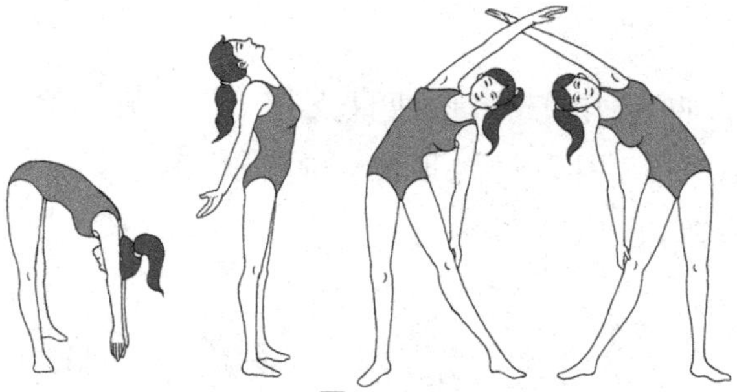

图 6-12

②转。两脚开立，身体保持紧张，结合迈步，腰部带动身体沿垂直轴左右灵活转动，迈步移动重心与转腰运动结合(图 6-13)。

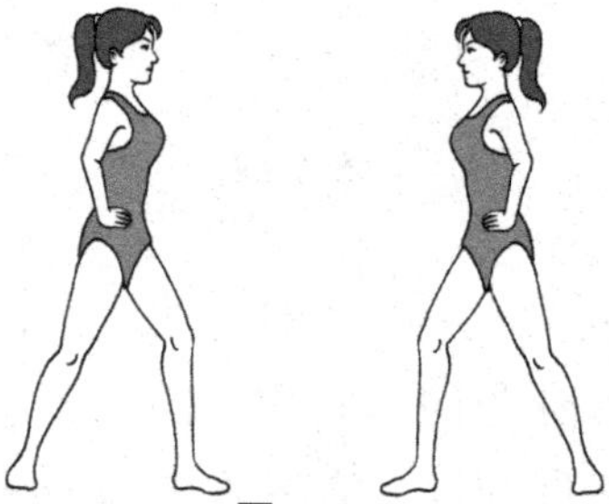

图 6-13

③绕和环绕。两脚开立，与手臂动作相结合，腰部做弧线或圆周运动，即绕和环绕(图 6-14)，做动作时，动作路线应清晰、动作圆滑。

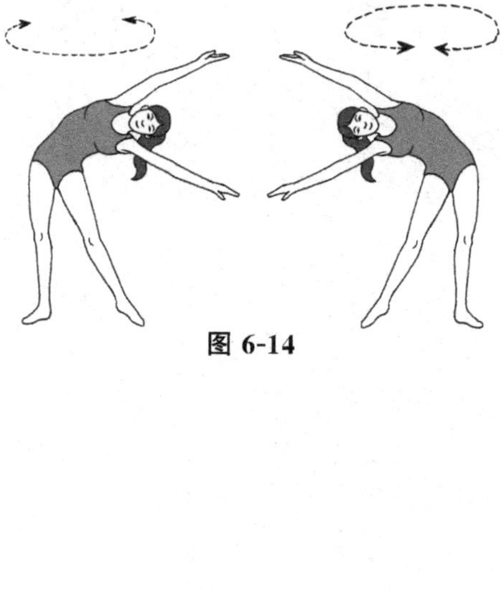

图 6-14

（三）髋部动作

①顶髋。两腿开立，一腿伸直支撑、另一腿屈膝内扣，上体保持正直，双手叉腰，用力将髋顶出，如左顶、右顶、后顶、前顶（图 6-15）。动作用力，且应有节奏感。

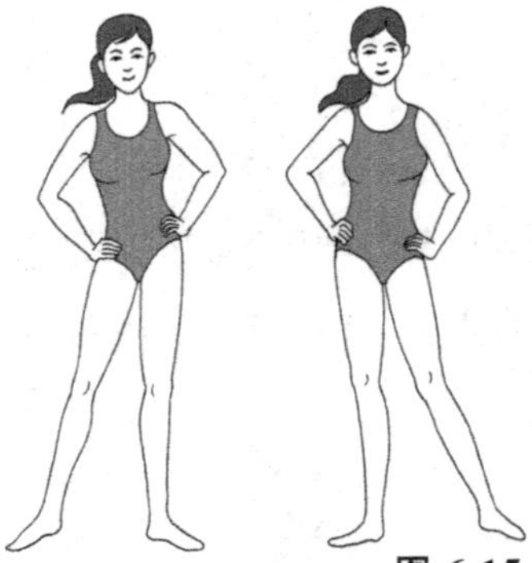

图 6-15

②提髋。两脚开立，手臂自然弯曲，半握拳，髋向左上提、右上提。注意髋与腿部协调向上（图 6-16）。

③绕和环绕。两脚开立，双手叉腰，髋做弧线或圆周运动，可分别向左、右方向进行绕和环绕动作（图 6-17）。注意运动轨迹要圆滑。

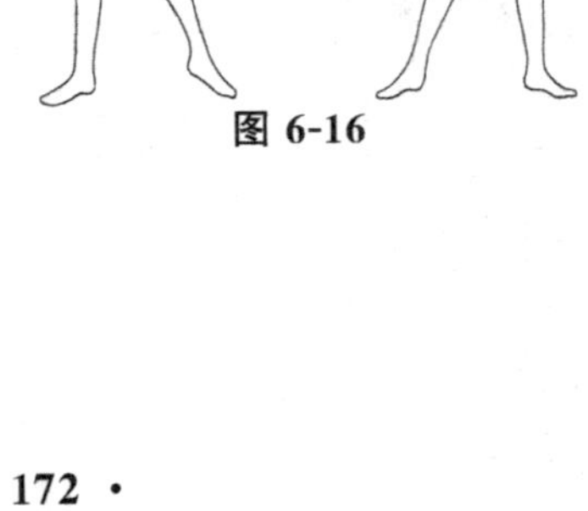

图 6-16

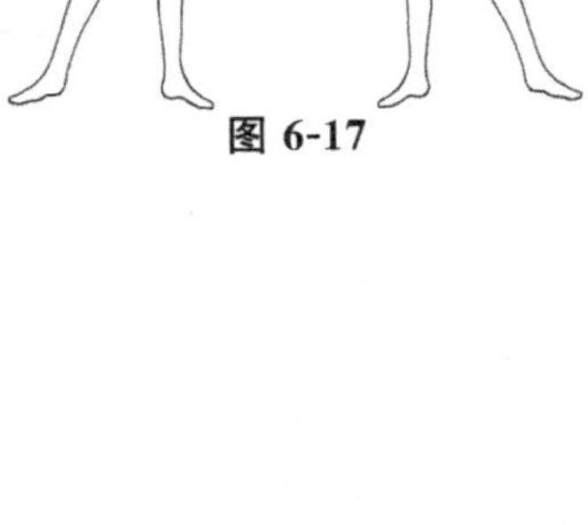

图 6-17

六、下肢动作

(一)立

①直立、开立。自然站立,身体直立,抬头挺胸;再将双腿打开,脚的间距约与肩相等,做开立动作(图 6-18)。

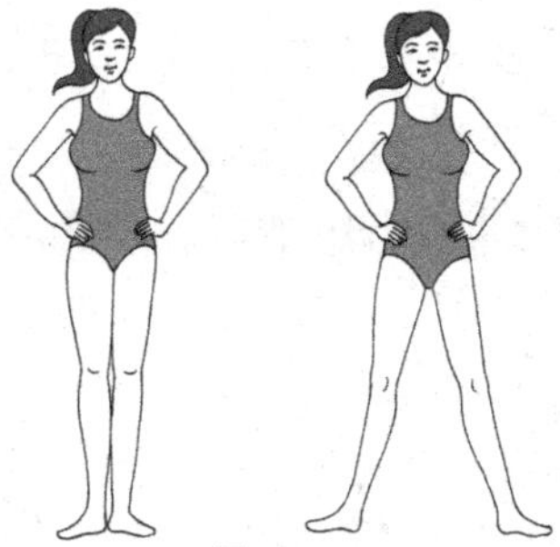

图 6-18

②点立(图 6-19)。自然站立,先直立,然后再伸出一条腿做点立或双腿提起做提踵立,动作形式主要有侧点立、前点立、后点立、提踵立。注意动作的舒展性。

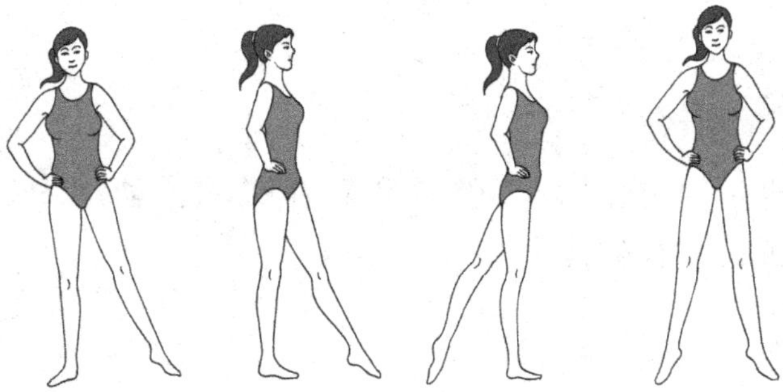

图 6-19

(二)弓步

自然站立,直立后,大步迈出一腿,做屈动作(前弓步、侧弓步、后弓步),步子迈出不能太小,也不能太大(图 6-20)。

图 6-20

（三）踢

自然站立，双腿交换做前踢、侧踢、后踢等踢腿动作（图 6-21）。注意动作干净利落。

图 6-21

（四）弹

自然站立，双腿进行正弹腿和侧弹腿的弹动动作（图 6-22），要求双腿弹动要有弹性。

（五）跳

自然站立，做各种姿势进行并腿跳、开并腿跳、踢腿跳等腿部练习（图 6-23）。注意跳的时候要保持一定的力度和弹性。

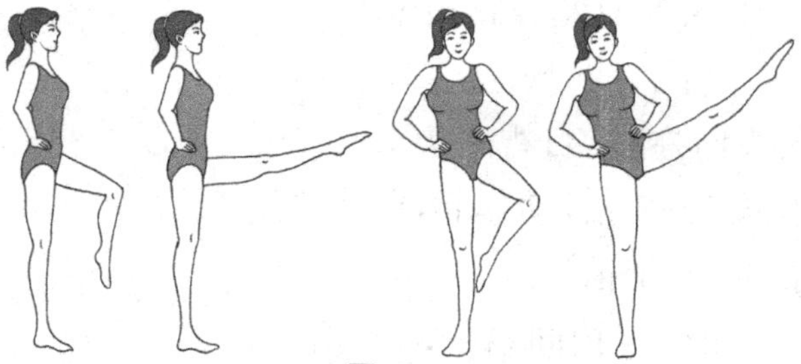

图 6-22

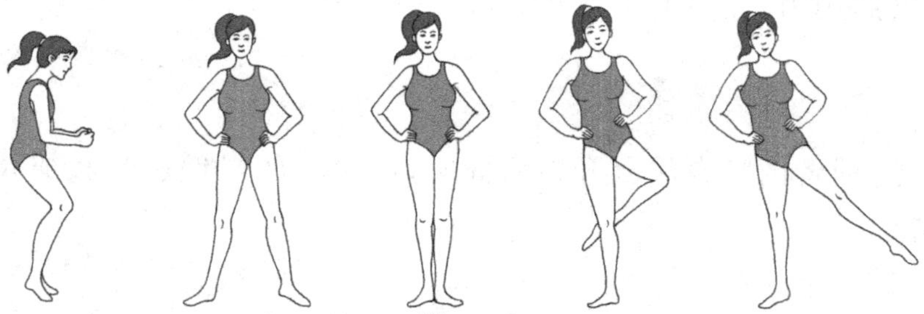

图 6-23

第二节　健身健美操组合动作

一、头部动作组合

在健美操运动中，头颈部是运动者机体最重要的身体部位，加强头颈部的训练不仅能减少脂肪的堆积，增强颈椎间韧带的弹性，还能提高头颈部的灵活性，促进脑部的血液循环，预防运动伤害事故的发生。

健身健美操的头部动作主要包括屈、转、绕、绕环。下面就重点讲解以上几个头部动作的组合练习。

（一）头颈转

运动者两脚自然分开与肩同宽，两手叉腰，挺胸、收腹，成预备姿势，头沿垂直轴向左(右)转 90°。

第一个 8 拍：

1～2 拍头向左转，目视左方。

3～4 拍同 1～2 拍，动作相同，方向相反。

5～8 拍同 1～4 拍。

第二、三、四个 8 拍同第一个 8 拍。

运动者在做动作的过程中，头转动要慢，并有控制，不能太快、突然用力。

(二)头颈前后屈

运动者两脚自然分开与肩同宽，两手叉腰，挺胸、收腹成预备姿势。

第一个 8 拍：

1～2 拍头前屈，下颌回收，低头下看，前屈 2 次。

3～4 拍头后屈，下颌朝上，头后仰。后屈 2 次。

5～6 拍同 1～2 拍。

7～8 拍同 3～4 拍。

第二、三、四个 8 拍同第一个 8 拍。

运动者在做头颈前后屈的过程中，要注意动作随音乐节奏进行，不能过快或过慢，其上体要保持直立，动作速度要适当。

(三)头颈左右屈

运动者两脚自然分开与肩同宽，两手叉腰，挺胸、收腹、立腰成预备姿势。

第一个 8 拍：

1～2 拍头向左侧屈(2 次)，耳朵尽量触肩，肩保持放松。

3～4 拍头向右侧屈(2 次)，耳朵尽量触肩，肩保持放松。

5～6 拍同 1～2 拍。

7～8 拍同 3～4 拍。

第二、三、四个 8 拍同第一个 8 拍。

运动者在做动作的过程中应该一拍一动，上体保持直立姿势，不得左、右移动。

二、上肢动作组合

在健美操运动中，运动者身体的上肢是变化最多的部位。经常做上肢动作练习能有效地提高自己的手臂力量。下面是上肢动作组合的基本方法。

预备姿势：直立，两臂自然下垂。

1 拍左脚向侧一步，同时两臂侧举，基本手型，掌心向下。

2 拍两臂经体前交叉绕至肩侧上屈，握拳，拳心向内，同时吸右腿，膝向左转。

3 拍右腿后伸成左弓步，同时两臂上伸，撑掌，掌心向前。

4 拍向右转体 90°成屈膝半蹲，同时两臂胸前屈交叉，手指触肩。

5 拍右腿蹬直，高吸左腿，膝向右转，同时两臂侧举，基本手型，掌心向下。

6 拍向左转体 90°成屈膝半蹲，低头，同时两臂头后屈，手指扶头后。

7 拍腿保持不动，同时抬头，两臂上举，撑掌，掌心向前。

8 拍两腿伸直，同时两臂侧举，撑掌，掌心向前。

第三个八拍与第一个八拍动作相同；第二、四个八拍与第一个八拍动作相同，方向相反。

三、步伐组合

（一）第一个八拍（图 6-24）

步伐：1～4 拍，以左脚的 V 字步开始 5～8 拍，V 字步向后，节奏是 7 嗒 8。

手臂:1～2 拍,左右两臂依次经前至侧上举;3 拍,两臂收至胸前;4 拍,还原;5～6 拍,自然摆臂;7～8 拍,两臂由背后打开至体侧。

手型:1～2 拍,五指并拢,掌心向前;3 拍,五指并拢;7～8 拍,五指分开,掌心向前。

面向:1 点。

1 2 3 4 5 6 7 8

图 6-24

(二)第二个八拍(图 6-25)

步伐:1～4 拍,右脚开始上步吸腿;5～8 拍,同 1～4 拍,方向相反。

手臂:1～4 拍,直臂,经前、后、前摆至还原;5～8 拍,同 1～4 拍。

手型:1～4 拍,握拳,拳心向下;4 拍,还原;5～8 拍同 1～4 拍。

面向:1 点。

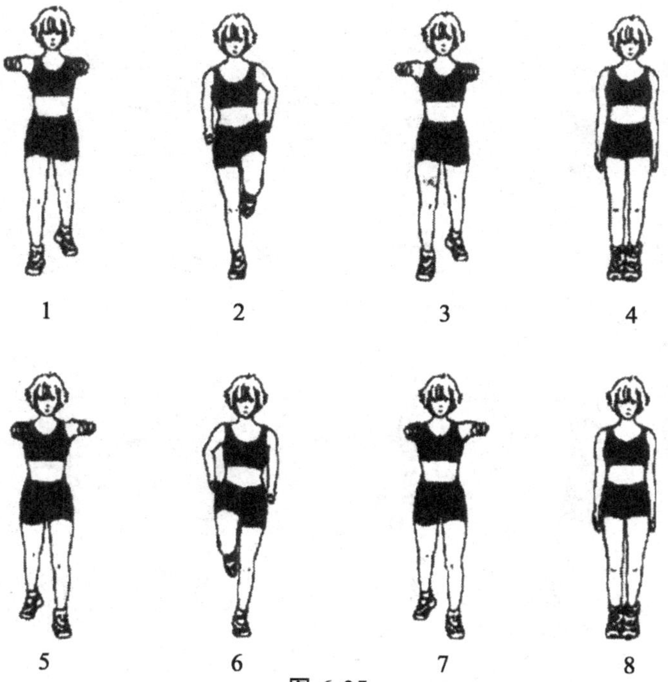

图 6-25

(三)第三个八拍(图 6-26)

步伐:1～4 拍,右脚开始向侧并步;5～8 拍,同 1～4 拍,方向相反。

手臂:1～4 拍,直臂从下经上绕环一周;5～8 拍,同 1～4 拍。

手型:五指并拢。

面向:1 点。

(四)第四个八拍(图 6-27)

步伐:1～4 拍,从右脚侧交叉步开始;5～8 拍,右脚开始的转体交叉步。

手臂:1～4 拍,直臂经上至体侧;5～8 拍,自然摆臂。

手型:1～4 拍,五指分开;4 拍,还原;5～8 拍,自然握拳。

面向:1 点。

图 6-26

图 6-27

第三节　健美操动作技能形成的教学过程

运动者健美操动作习练有一定的规律，运动者要遵守动作技能的形成原理与规律，只有如此才能保证健美操习练的科学性，提高健美操运动技能水平。

一、动作的认知阶段

在健美操运动习练的过程中，运动者对健美操动作的认知动作阶段是一个内在的思维活动过程，这一过程主要包括以下三个步骤。

①运动者产生学习动机，激发运动者强烈的学习动机和求知欲。

②感知动作，对教师或教练员示范的动作和讲解有一个初步认识与了解，为接下来的学习打下良好的基础。

③联想与探索，把以前学过的动作技能和经验联系起来，属于技能的延伸和扩展。

在健美操动作的认知阶段中，一般没有一定的外在表现，只是有时候不自主地按照所想象的动作不自主地进行模仿。其生理机制是唤起大脑皮质的相关区域，是一个内在思维的联想过程。运动者在进行健美操习练时一定要认识到这一点。

运动员在健美操动作认知阶段，在习练技术动作的过程中需要注意以下几点要求。

①明确健美操动作的作用和意义，充分激发运动员学习的兴趣与动机。

②运动者要认真听取教师或教练员的讲解，并仔细观察其示范动作，以形成正确的健美操动作表象。

③运动者要把感知动作印象与经验联系起来，加深健美操动

作的认知程度。

二、动作的粗略掌握阶段

在健美操动作粗略掌握阶段，运动者动作的外部表现为僵硬、不连贯，会经常出现不应有的错误动作，技术动作习练的节奏也比较乱，并且易受练习环境的干扰。究其原因，是因为在运动技能学习初期，初学者的大脑皮质接连受到各种新异刺激的影响，大脑皮质处于强烈兴奋和广泛的扩散状态，此时不能较好地指令效应器做出准确的反应。该阶段的主要任务是运动者要建立对健美操动作的感性认识，根据教师或教练员的示范动作进行模仿练习，能够粗略掌握健美操技术动作。

运动者在健美操动作粗略掌握阶段，需要注意以下几点要求。

①运动者在习练健美操基本动作的过程中，要以模仿练习为主，掌握基本的动作要领，在练习的过程中初步建立肌肉本体感觉的反馈联系。

②运动者要遵循循序渐进的原则，由简到繁、由易到难地进行技术动作习练，切忌贪图求快。

③注重直观性，应通过正确的示范和形象的讲解帮助建立正确的动作概念。

④要突出习练的重点，重点强调重要的技术环节，不要过分追求细节。

⑤教师或教练员要给予运动者一定的鼓励，激发其主动参与健美操习练的积极性。

⑥对于复杂且难度较大的健美操技术动作应采用分解教学法，等熟练掌握各分解动作后再做完整练习。

三、动作的改进和提高阶段

运动者初步掌握了健美操的技术动作，接下来就需要反复练习以改善和提高动作技能，这就是健美操动作的改进和提高阶段。在这一阶段中，运动者的健美操技能会逐渐得到改善和提高，对于所输入的信息大脑皮质的分析能力逐渐精密，能够准确地将动作连起来，同时减少多余的动作，动作协调、省力。对动作的概念和要领，在实践过程中逐步明确，并可以用语言对运动技术进行很好的描述，动作逐步协调、准确、连贯、节奏加强、错误动作减少，动作主次清楚，动作不易受环境干扰，动作已基本学会，动力定型初步形成。这一阶段对于运动者而言至关重要。

在健美操动作改进和提高阶段，各种健美操技术动作对于运动者而言已不再是新异刺激，大脑皮质的兴奋和抑制过程相对集中，在时间和空间上的分化日趋精确，反馈能力增强，条件反射牢固。将多余的动作和错误动作消除，对动作细节进行改进，并提高动作的节奏感和协调性，力求动作准确、熟练。

在健美操动作的改进与提高阶段，运动者应注意以下几点要求。

①在习练健美操各技术动作时，应以完整练习为主，适当辅助分解练习，加强难度技术动作的练习。

②要加深理解动作各个环节之间的联系，对动作的认识由感性上升到理性阶段，形成正确的动作概念。

③在这一阶段中，运动者已经建立了正确的动作概念，并且基本上掌握了技术动作，教师或教练员可以通过精练、准确的语言来代替示范动作。

④为了进一步提高动作的精确度，可以采用加大动作难度的方法，提高运动者细分健美操技术动作的能力。

⑤精益求精，不断提高动作质量，彻底纠正错误动作，避免形成错误的动力定型。

⑥从比赛实际出发，制造各种外界干扰因素，以提高运动者的应变能力。

四、动作的巩固与应用自如阶段

在健美操技术动作的改进和提高阶段，运动者以建立了正确的动作动力定型，然后开始进入巩固和应用自如阶段。在这一阶段中，在空间和时间上，运动者大脑皮质内兴奋与抑制过程都更加集中，动作更协调、准确，动作细节也正确无误。此时动作不仅正确、优美，而且动作技术在环境条件不断变化的情况下，也不易被破坏，能够更加轻松、省力地完成练习，一些动作环节甚至可以在无意识或下意识的控制下完成，即初步形成了动作的自动化。

在健美操技术动作的巩固与应用自如阶段，运动者在习练的过程中要注意以下几点。

①运动者应逐渐加大运动负荷，在较大生理与心理负荷条件下进行训练，以巩固和提高健美操动作技能。

②一般来说，技术动作的自动化程度越高，运动技能就越不容易消退，因此，在这一阶段中，运动者要以完整练习为主，并反复练习，以巩固和强化健美操动作技能。

③运动者在建立了动作自动化之后仍会出现一定的错误动作，由于这些动作是在“在低意识控制下”完成的，一旦出现错误，不易意识到，若多次重复就会巩固这些错误动作。因此，在动作自动化以后，运动者仍需纠正与检查错误动作。

④对所要学习的动作在某一运动项目中的地位、作用和特点进行分析，并根据其所具有的特点有所侧重，如属对抗性项目，应分析该动作因情况不同而可能发生的变化，同时要纳入该项目的战术体系中加以思考，如属单一动作，应以提高熟练程度和动作质量为主。

⑤运动者要将身体素质练习与健美操技术动作练习结合起来，这样才能促进健美操训练水平的提高。

第四节 多类型健身健美操套路教学

健身健美操的类型有很多,下面主要讲解踏板操、拉丁健美操和水中有氧健身操的技术动作习练方法。

一、踏板操

踏板操,即在踏板上随着动感音乐(每分钟120拍左右)有节奏地上下舞动,进行健美操的动作和步伐。它具有健美操的所有特点,同时,由于大部分动作是在踏板上完成,所以能更有效地增强心肺功能及协调性。因其主要针对的部位是下肢和臀部,具有明显的耗能减脂,提臀美腿,改善女性肌肉线条的功效。

(一)踏板操基本技术

踏板操的基本技术主要包括缓冲弹动、控制以及重心三个方面。

1.缓冲弹动

缓冲是有氧运动的基础,也是踏板操的基础。它是依靠踝关节、膝关节、髋关节的屈伸和弹动而产生的。

踏板操的缓冲作用主要表现在两个方面:第一,可缓解下板时地面对身体的冲击力和阻力;第二,上板时可使腿部肌肉充分地得到收缩和对抗的锻炼,使动作和动作之间的连接安全、自然。

2.控制

控制是人体肌肉的紧张和松弛的协调配合。在整个运动中身体的基本姿态应得到控制,保持身体的自然挺拔。在踏板操中主要是板上、板下、左右的移动的动作,需要腰、腹、臀的肌肉控制。

踏板操的控制作用主要表现为对身体的平衡、固定和安全作用,能够保证下肢动作的顺利完成。

3.重心

在踏板操运动中,重心移动非常重要,它是保证踏板操练习中身体安全和动作流畅的重要因素。在运动的过程中,运动者身体的重心是伴随着技术动作的变化而发生变化的。踏板操中重心的移动主要体现在上板、下板的路线过程中。踏板操中的重心移动的关键,就是在完成动作时双脚的交替用力和身体躯干向脚的动作方向同时跟进。

(二)踏板操基本动作

踏板操中各种动作的变化都是在基本动作的基础上产生和发展的。踏板操的基本动作是结合地上健美操动作而发展变化的。基本步法是体现练习者下肢动作基本姿态的主要练习手段,待基本步法熟练后,加上上肢动作、方向和节奏变化,可以使踏板操变得生动有趣。

1.上肢动作

①踏板健身操上肢基本动作包括举、屈、伸、绕和绕环及振等动作。

②踏板健身操上肢动作可以通过改变动作的方向、路线、幅度、角度来完成。

③踏板健身操上肢动作还可以使用单双臂同时或依次做动作,以及左右对称或不对称做动作,从而改变单一的动作形式,创编出比较新颖、美观的动作组合。

2.下肢动作

以图 6-28 为例,长方形代表踏板;a,b,c,d,e,f,g,h 为踏板周围的一些位置；r，s，t 为踏板上左、中、右 3 个位置；v，x 分别为 s，t 到踏板两边中间距离的位置。

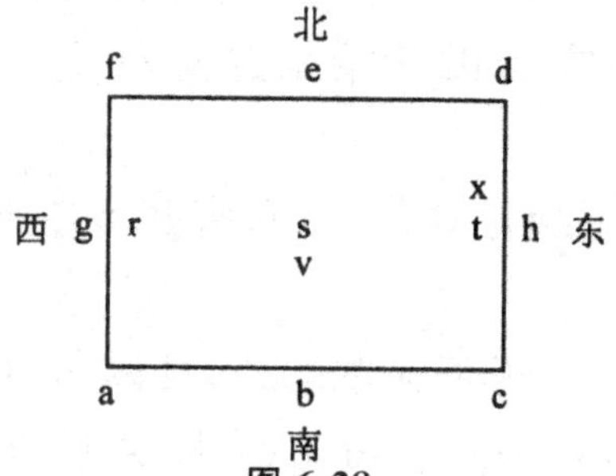

图 6-28

（1）横跨板

准备：身体位于踏板左侧 g 位置，身体面向正北方。

动作：1～2 拍：右脚向右侧横跨一步上板，至踏板中央 s 位置；左脚紧跟右脚上板，身体重心随之移动至板上。

3～4 拍：右脚再向右横跨一步下板至 h 位置；左脚下板并于右脚，整个身体完成横跨踏板的动作。

（2）基本步

准备：位于板下 b 的位置，面向正北方。

动作：1～2 拍：左脚向前迈一步上板至 s 位置；然后右脚也向前迈一步并于左脚，身体重心随之向前移动。

3～4 拍：左脚向后迈一步下板至 b 位置；然后右脚也向后迈一步并于左脚，身体重心随之向后移动，还原到开始位置。

（3）边角步

准备：练习者位于板下 b 位置，身体面向正北方。

动作：1～2 拍：右脚向左前方迈一步上板至 r 位置，左腿提膝。

3～4 拍：左腿伸膝落于开始位置 b，右脚落于 b 位置，还原到开始姿势。

5～6 拍：左脚向右前方迈一步上板至 t 位置，右腿提膝。

7～8 拍：右腿伸膝落于开始位置 b，左脚落于 b 位置，还原到开始姿势。

(4)斜角步

准备:练习者位于板下 a 位置,身体面向正东方。

动作:1～2 拍:左脚由开始位置向左前方迈步,上板至 v 位置,右脚上板至位置。

3～4 拍:左脚下板至 d 位置,右脚并于左脚。

(5)交叉步

准备:练习者位于板下 a 左侧处,身体面向正北方。

动作:1～2 拍:右脚向右迈出一步,左脚向右迈出一步,并交叉于右脚之后。

3～4 拍:右脚再向右迈出一步,左脚并于右脚。

(三)踏板操组合动作

1.初级踏板操组合动作

第一个八拍:

步伐:第 1 拍右脚点板,第 2 拍右脚下板,3～4 拍相反,5～8 拍右脚一字步上下板 1 次。

手型:1～4 拍掌;5～8 拍拳。

手臂:1～4 拍两臂在身体前侧击掌;5～8 拍两臂在身体侧面弯曲肘部,并前后来回摆动两臂。

面向:1 点。

第二个八拍:

步伐:1～2 拍右腿上板 V 字步,3～4 拍下板内转 90°,5～8 拍同 1～4 拍,方向相反。

手型:拳。

手臂:两臂在身体侧面弯曲肘,并前后来回摆动两臂。

面向:1～2 拍 1 点,3～4 拍 7 点,5～6 拍 1 点,7～8 拍 3 点。

第三个八拍:

步伐:1～2 拍右脚上板 V 字步,3～4 拍下板,5～8 拍同

1～4 拍。

手型：拳。

手臂：前后来回自然摆动两臂。

面向：1 点。

第四个八拍：

步伐：1 拍右脚上板，2 拍左脚前吸腿，3 拍左脚点地，4 拍左腿前吸，5 拍左脚点地，6 拍左腿前吸，7～8 拍下板。

手型：拳。

手臂：前后来回自然摆动两臂。

面向：1 点。

2. 中级踏板操组合动作

第一个八拍：

步伐：第 1 拍右脚上板，第 2 拍左脚前吸腿，3～4 拍脚下板，5～8 拍左脚上板 V 字步下板后内转 90°。

手型：拳。

手臂：1～4 拍前后来回自然摆动两臂，5～8 拍两臂在身体侧面弯曲肘，并前后来回摆动两臂。

面向：1～6 拍 1 点，7～8 拍 7 点。

第二个八拍：

步伐：第 1 拍右脚上板，第 2 拍左脚上板，与此同时，右腿跳吸，3～4 拍过板下板，第 5 拍右脚向前一步，第 6 拍左脚上步，第 7 拍转体 180°，8 拍向前走一步。

手型：1～4 拍拳、掌，5～8 拍拳。

手臂：第 1 拍两臂在胸前弯曲，第 2 拍两臂向上伸展，第 3 拍两臂在胸前弯曲，第 4 拍两臂置于身体两侧，5～8 拍前后来回自然摆动两臂。

面向：1～4 拍时向 7 点，5～6 拍 8 点，7～8 拍 4 点。

第三个八拍：

步伐：第 1 拍右脚侧上板，第 2 拍左脚前吸腿，第 3 拍左脚下板，第4拍右腿向后伸展，第5拍右脚上板，第6拍左脚向后抬起，与此同时，左脚要绕过踏板，7～8拍向左旋转90°，下板。

手型：1～4拍拳，5～8拍拳，掌。

手臂：1～4拍前后来回自然摆动两臂，第5拍两臂在胸前弯曲，第6拍两臂向上伸展，7～8拍两臂在身体两侧自然垂落。

面向：1～6拍时4点，7～8拍1点。

第四个八拍：

步伐：第1拍右脚上板，第2拍左腿侧抬，3～4拍下板，5～8拍同1～4拍方向相反。

手型：掌心向前。

手臂：1～2拍两臂从侧面向上举起，3～4拍两臂在身体两侧自然落下，5～8拍同1～4拍。

面向：1点。

3.高级踏板操组合动作

第一个八拍：

步伐：第1拍右腿跳上板，与此同时，向后抬起左腿，第2拍左腿前收，3～4拍下板，5～6拍左腿板上恰恰，7～8拍下板，与此同时，向左转动90°。

手型：1～4拍掌心向外，5～8拍拳。

手臂：第1拍两臂倾斜向上举起，第2拍下拉两臂至胸前弯曲，3～4拍自然将两臂放至体侧，5～8拍向上弯曲两小臂。

面向：1～4拍1点，5～6拍2点，7～8拍7点。

第二个八拍：

步伐：第1拍右腿从侧方向上板，第2拍左腿后屈跳，第3拍左脚向后交叉，并点地，第4拍左腿向后弯曲，5～6拍下板，同时右转90°，7～8拍左脚尖点板一次。

手型：拳。

手臂：两臂在身体侧面弯曲，并前后来回摆动两臂。

面向：1～4拍7点，5～8拍1点。

第三个八拍：

步伐：第1拍右脚上板，第2拍左腿向板左侧地迈一步重心在左侧，3～4拍右侧横过板，第5拍重心在右腿，第6拍重心落在左腿板上，7～8拍下板。

手型：拳。

手臂：前后自然来回摆动两臂。

面向：1点。

第四个八拍：

步伐：第1拍右脚上板，第2拍前吸左腿，第3拍左脚板前点地，第4拍前吸左腿，第5拍下板，第6拍右脚跟点板，第7拍右腿前吸，第8拍下板。

手型：拳。

手臂：两臂在身体侧面弯曲肘，并前后来回摆动两臂。

面向：1～3拍时向1点，4～5拍向3点，6～8拍1点。

二、拉丁健美操

拉丁健美操是在拉丁舞狂热的音乐伴奏下，把颇具特点的舞蹈动作和有氧健身操动作相结合而形成的一种全新健身方式。由于拉丁舞动作强调髋部的摆动，因此对于腰部的锻炼有特殊的效果。

（一）拉丁健美操基本步伐

1.merengue 步

这一步伐类似于健身操中的踏步，可以并腿、分腿或在移动，注意膝关节要微内旋，同时带动同侧的身体向异侧转动；可以加上肩部的摆动及手臂动作。

2.cha cha 步

这一步伐节奏形式为 one and two，即2拍3动的形式。

以右侧 cha cha 步为例，右腿向右侧迈出 1 拍“大”，左腿并步；右腿再向右侧迈出。

cha cha 步的变化很多，可以向侧、向前、向后；可以并步或交叉步；可以单独做或结合别的步伐一起完成。

3.mambo 步

这一步伐节奏形成为均匀的节奏，没有切分节拍，可以前后、向侧或结合转体动作。在传统健美操中也常用这个步伐。

4.samba 步

这一步伐节奏形式也是 2 拍 2 动，但与 cha cha 步不同的是它的“大”拍时间很短，并且完成动作时节拍要有短暂的停顿。

以向右的 samba 步为例，蹬左腿向右一步，重心右移，同时身体左转。“大”向右腿后点一步，同时右腿微微屈膝抬起，重心在左腿。B 重心移至右腿，右脚原地点地一次。samba 步也可用来做移动或连续多次使用，整个动作主要注意髋部随着重心移动而左右摆动。

5.salsa 步

这一步伐节奏形式为两拍 4 动，即 one and two and。以原地 salsa 步为例：快速完成 3 次原地踏步或摆动，第 4 次将一侧腿；单踢出去，并稍作停顿。4 个动作只有两拍的时间，力量一定要来自腿部，否则身体摆动的速度就会跟不上节奏。

（二）拉丁健美操组合动作

1.初级拉丁健美操动作组合

第一个八拍：

步伐：1～2 拍右侧并步，3～4 拍右侧恰、恰、恰，5～6 拍右腿后伸，7～8 拍左前恰、恰、恰。

手臂:随身体摆动。

手型:五指分开。

面向:1点。

第二个八拍:

步伐:1～2拍右前恰、恰、恰,3～4拍左前恰、恰、恰,5～6拍右脚左前交叉点,7～8拍左脚右前交叉点。

手臂:1～4拍随身体摆动,5～8拍手臂打开与伸腿方向相对。

手型:五指分开。

面向:1～4拍1点,5～6拍8点,7～8拍2点。

第三个八拍:

步伐:1～2拍右左前进两步,3～4拍恰、恰接后屈左膝,5～6拍后退左恰、恰、恰,7～8拍后退右恰、恰、恰。

手臂:随身体摆动。

手型:五指分开。

面向:1点。

第四个八拍:

步伐:1～2拍左侧弓步,3～4拍收左腿恰、恰、恰,5～8拍与1～4拍动作相反,5～6拍右侧弓步,7～8拍收右腿恰、恰、恰。

手臂:随身体摆动。

手型:五指分开。

面向:1点。

2.中级有氧拉丁操动作组合

第一个八拍:

步伐:1～2拍右前摇摆步,3～4拍左前摇摆步,5～6拍踏步3次踢左腿,7～8拍踏步3次踢右腿。

手臂:1～4拍随身体左右摆动,5～8拍双手打开。

手型:五指分开。

面向:1点。

第二个八拍：

步伐：1～2 拍右腿向左前侧点，3～4 拍右腿向右后侧点，5～8 拍加快两次前后点。

手臂：双臂打开与腿伸出方向相对。

手型：五指分开。

面向：1、2、5、7 拍 8 点，3、4、6、8 拍 1 点。

第三个八拍：

步伐：左腿右前侧漫步，5～6 拍漫步右转 180°，7～8 拍左侧跳步右腿直踢起。

手臂：随身体左右摆动。

手型：五指分开。

面向：1～2 拍 2 点，6 拍 5 点，4、7、8 拍 1 点。

第四个八拍：

步伐：1～2 拍右腿左前漫步，3～4 拍右侧并步，5～6 拍右侧并踢左腿，7～8 拍后并步。

手臂：自然摆动。

手型：五指分开。

面向：1～2 拍 8 点，5、8 拍 1 点。

三、水中有氧健身操

水中有氧健身操，就是指在水中进行的有氧健身操，又称为水中健美操，它将健美操的身体动作、游泳动作和舞蹈步伐在水中进行了有机的结合，是一项在水中健身的新型有氧健身项目。

（一）水中踏步与走步

①水中踏步。踏步过程中至少保持一只脚始终与地面保持接触。踏步时，膝关节用力抬起，并尽可能接近 90°，不要露出水面。同时，上体保持正直。落地时由脚尖过渡到全脚掌。

②水中走步。在水中前、后、左、右、斜方向移动，步伐均匀，

速度适中。

（二）踢腿

①前踢腿。双手叉腰，单腿站立，一腿弯曲抬起并使大腿尽量与上体保持90°，小腿与大腿保持90°，然后再逐渐伸直。抬腿时，大腿不要露出水面，伸腿时脚和膝盖绷紧，上体保持直立。

②后踢腿。双手扶池边，单腿站立，另一腿向后抬起，做屈伸练习。上身保持直立。

③侧踢腿。双手扶池边，单腿站立，另一腿向侧方向抬起，做屈伸练习。上身保持正直。

（三）划水

①双手划水。两腿开立，两臂前举，五指并拢，由内而外按"8"字路线同时向后划水至最大幅度。速度要均匀，腰部收紧，还原时两臂内收，两手合掌前伸。

②向前单手抡水。两腿左右开立，成马步状，使肩与水面齐平。双手在矢状面内依次向前拍水，每一只手臂成轮状转动。手臂尽量伸直、放松。

③向后单手抡水。两腿左右开立，成马步状，使肩与水面齐平。双手在矢状面内依次向后拍水，每一只手臂成轮状转动。手臂尽量伸直、放松。

④体前双手向内抡水。两腿左右开立或跪立，使肩与水面齐平。双手在体前同时成轮状在额状面向外拍水。

⑤体前双手向外抡水。两腿左右开立或跪立，使肩与水面齐平。双手在体前同时成轮状在额状面向外拍水。

（四）马步转体

两腿开立，屈膝半蹲，两臂侧下举，上体匀速向左右拧转至最大限度。

(五)弓步伸展

两腿半蹲,左腿后伸成右弓步,同时两臂摆至前举,还原成半蹲后换另一侧练习,左右交替重复练习。

(六)屈膝抱腿

左腿屈膝上抬,右腿屈膝半蹲,同时两手抱左小腿,还原成直立时两臂打开成侧平举,两腿交替练习。

(七)开立侧屈

两腿开立稍宽于肩,一手叉腰,另一手掌心向内,向侧摆动并带动上体做侧屈动作,左右交替练习。

(八)前屈后伸

两腿开立,两臂由下向前带动上体做体前屈(抬头)至整个上体接触水面,还原后手臂向后带动上体后屈至最大幅度并还原。重复练习使腰背部充分伸展。

(九)髋部旋转

两腿开立,两手手指向下扶腰骶部。两手依次用力推动骨盆,沿顺时针方向绕环一周。左右交替练习。

第五节　健美操运动教学设计与评价

一、健美操运动教学设计的理念

(一)坚持以学生为出发点

在健美操教学中,教学的对象是学生,因此健美操教学的设计应以学生为出发点，设计的教学方案要有利于学生的学习。在具体的设计过程中，应坚持“一切为了每一位学生发展”的核心理念，把对学生不同特征的分析作为教学设计的基本依据，注重充分挖掘每个学生的潜力，激发学生主动学习健美操的意识，突出个体差异，因材施教。

（二）运用系统方法进行设计

为追求健美操教学整体的优化效果，促进健美操教学水平的全面发展和提升，在进行健美操教学设计时，应着眼于全局或整体，从整体与部分、整体与环境之间的相互联系、相互制约中选择解决问题的优化方案。在具体设计的过程中，要对健美操教学资源进行系统的分析，运用系统方法制定一个详细的设计方案。

（三）注重整体的发展

在健美操教学中，技术动作教学是非常重要的一个环节，如果没有这一环节，健美操教学就失去了存在的意义。但需要注意的是，现代体育教学理论认为，学生体育技能的学习和掌握并不是体育教学活动的位移目标。健美操教学的设计，不仅是设计学生如何通过有效的学习活动掌握技能，更重要的是设计出有效的课堂学习与交流活动，使学生在教学活动中能深刻体验到集体与个人之间的关系，体验到担当各种社会角色的感受，正确理解个人价值。因此，健美操教学设计一定要注重学生的整体发展，以此为依据进行设计。

（四）突出教学的确定性与不确定性

在健美操教学中，学生身心发展、运动技能的掌握等都有一定的特点和规律性，这是健美操教学活动的确定性。根据健美操教学的这一特点和规律，健美操教学设计首先应从教学规律出发，应用系统设计的方法，在客观地分析体育教学规律和特点的基础上，来设计新的教学工作程序和环节，在具体的设计过程中，要保证教学的针对性,缩短教学时间,提高教学效率,设计出的教学方案能适合学生学习。

学生之间存在着一定的差异性,这一特性是客观存在的,除此之外,教学环境也具有很大的差异性,这就是健美操教学的不确定性。这种不确定性决定了健美操教学设计不可能也不必对教学过程做出面面俱到的规范,这样才能保证课堂教学既有计划性的一面,又有生成性的一面。

二、健美操运动教学评价的内容与实施

(一)健美操教学评价的内容

1.知识与技能评价

根据每个学校所选择的具体的健美操教学内容来确定健美操教学课的运动技能评价。

健美操知识与技能评价的内容主要包括:健美操与健康知识和方法的掌握及运用情况,健美操专项技能的掌握与运用情况,以及对健美操与健康的认识等。

2.学习态度评价

学生学习态度的评价主要包括:学生的出勤情况与学习表现,学生参与健美操运动的意识和行为表现。

3.体能评价

在学生体能评价过程中,要根据不同学生体能发展内容与目标,充分考虑学生各方面的差异,让学生自由来选择体能测试项目。

通常可以通过参考《中国学生体质健康测试标准》,同时与学生的个体基础和进步幅度相结合来评定学生的体能情况。

4.情感表现与合作精神评价

在健美操教学中，学生的情感表现主要表现为：能否敢于克服各种困难和挫折，积极主动地参与健美操学习；能否战胜胆怯、自卑，充满自信地参加各种各样的健美操活动；能否理解和尊重他人，并在健美操教学中增强自己的人际交往能力；能否善于运用健美操运动等手段来调控自己的情绪等。

在健美操教学中，学生的合作精神主要表现为：能够履行健美操学习的义务，表现出负责的社会行为；能否尊重裁判、遵守规则，注重集体主义精神。

（二）健美操教学评价的实施

1.健美操教学评价方法的实施

在健美操教学评价中，通过采用定性与定量评价相结合的方法，以衡量学生整体健康状况，评价学生的学习成绩，这一评价方法较为客观。

定量评价在健美操学习中主要是通过学生的体能、运动技能等的体育达标测验，来对学生的运动能力做出评定。定性评价主要是针对学生的健美操学习态度、情感、行为表现等情况做出等级评定。

(1)定性评价与定量评价相结合

定量评价与定性评价相结合主要表现为两个方面：一是针对那些能够进行量化的因素而量化，同时对于那些不能量化的因素来进行定性评价；二是针对那些量化后的因素来进行定性分析。

(2)绝对性评价与相对性评价相结合

将绝对性评价与相对性评价结合起来，在评定学生健美操学习成绩时，运用社会参照标准（即绝对标准）± 1 的评定方法进行评价，即最终得分＝社会参照标准± 1；评定学生的健美操学习成绩时，要对学生的学习行为和学习态度的进步与发展情况进行充分考虑,同时根据每一个学生的具体进步情况来做出合理评定,而不是采用统一的标准来衡量所有的学生。

(3)终结性评价与过程性评价相结合

教学结果是终结性评价所侧重的,其目的是对最终的学习成绩做出判定,并做出成绩评定。而过程性评价是贯穿于整个健美操教学过程之中的,其目的是对学生的健美操学习进展情况来进行了解,对教学过程进行及时反馈和有效调整的评价。

评价学生的健美操学习成绩,诊断性评价是首要进行的,在每个学期的开始,要针对每个学生的现有学习水平进行评价;然后在之后的学习过程中及时进行形成性评价;在学期的结束,针对学生的学习情况做出终结性评价。

2.健美操教学评价标准的实施

(1)根据健美操教学实际制定评价标准

通过将内容标准与本校教学实际相结合,健美操教师有针对性地设计和制定出健美操学习的评价标准。该标准能够客观评价学生的学习情况。

(2)采用多元评价的标准与方法

采用《课程标准》来对学生的健美操成绩进行评价,其评价标准要采用多种评价标准相结合的方式来进行,如绝对性标准、相对性标准、体内差异性标准等。

3.健美操教学评价形式的具体实施

在健美操教学评价的过程中,根据各地区、各学校的具体实际情况,采用学生先进行自我评价,然后相互评价的方式进行,并根据学生自评和互评的结果来评价学生的学习情况。

第七章　竞技健美操运动技能分析与教学指导

竞技健美操是在健身健美操的基础上产生与发展起来的，是一项在音乐伴奏下能够表现连续、复杂和高强度成套动作的运动项目，其对于促进全民健身，增强人民体质，增进社会交流，开拓思维，促进运动技术水平的提高具有重要的意义。本章主要对竞技健美操运动的技能与教学实践进行分析与研究，从而指导人们科学有效地参与竞技健美操运动。

第一节　竞技健美操基本动作

一、基本轴控制

（一）站立控制

1.基本站立控制

夹紧双腿，挺胸收腹，腰背直立，肩胛骨下旋，肩膀下沉，在不依靠墙壁的条件下习练。

习练时要注意，身体用力感与有墙面支撑物时的用力感相同，体会这种身体姿态。

2.背靠墙站立控制

并拢双脚，背对墙而立，后脑、双肩、背、臀和小腿与墙壁紧贴，足跟与墙之间的距离大约为3厘米，体会身体垂直轴控制的感觉。

习练时要注意，夹紧双腿、臀部，挺胸收腹，腰背直立，肩胛骨下旋，双肩下沉，微收下颌，向上顶头。

3.双手叉腰提踵站立控制

做好基本站立控制动作后，双手叉在腰间，双脚脚跟提起，提高身体垂直轴控制能力。

习练时要注意对后背的感觉和身体垂直轴的控制加以体会。

4.双手叉腰，提踵行进间垂直轴控制

在上面练习的基础上，提踵向前或向后行进间走，在移动重心的情况下提高垂直轴控制能力。

（二）纵跳控制

1.原地纵跳控制

做基本站立控制动作，微屈双膝，蹬地向上，借助踝关节力量纵跳，感受身体垂直轴的控制。

习练时要注意提气、收腹、立腰，尽量往上顶头，有意识地落地缓冲。

2.负重原地纵跳控制

在上一练习的基础上，将沙包绑在脚踝关节上，在增加负荷的情况下进行练习，提高垂直轴控制能力。

二、身体姿态

（一）站立姿态

1.颈部训练

颈部挺直，下颌微收，目视前方，头正直。也可在头上放一本书，保持书不落地，头向不同方向移动。

2.肩部训练

两肩垂直上耸，感觉两肩酸痛后，肩膀用力下垂。反复练习，练习后充分放松。

3.臀部训练

两脚并拢，躯干直立。脚掌用力下压，用力收紧臀部和大腿肌肉，髋略上提。反复练习。

4.腹部训练

臀部收紧，用力收腹并向上提气，感觉整个身体上提，坚持片刻，然后放松。反复练习。

5.背靠墙站立姿态训练

并拢两脚，头、肩胛骨和臀与墙壁紧贴，足跟与墙之间的距离大约为 3 厘米。用胸式呼吸法呼吸，提气中做此动作。

习练时要注意夹紧双腿，挺胸收腹，腰背直立，臀部收紧，肩胛骨下旋，双肩下沉，略收下颌，向上顶头。

6.站立姿态训练

在上一练习的基础上，脱离墙的支撑，体会站立时肌肉的细微感觉。反复练习，注意要均衡呼吸。

（二）头颈姿态

1.抬头训练

两手叉在腰间，自然站立。头颈后屈，然后还原。由慢到快变化速度，体会抬头时肌肉控制的感觉。

2.低头训练

两手叉在腰间，自然站立。低头挺胸，伸长颈部，然后还原。由慢到快变化速度，体会低头时肌肉控制的感觉。

3.右转训练

两手叉在腰间，自然站立。向右转头，下颌与右肩对准，然后还原。由慢到快变化速度，体会转头时肌肉控制的感觉。

4.左转训练

两手叉在腰间，自然站立。向左转头，下颌与左肩对准，然后还原。由慢到快变化速度，体会转头时肌肉控制的感觉。

5.左侧屈训练

两手叉在腰间，自然站立，头向左侧屈，然后还原，体会头侧屈时肌肉控制的感觉。

6.右侧屈训练

两手叉在腰间，自然站立，头向右侧屈，然后还原，体会头侧屈时肌肉控制的感觉。

（三）上肢姿态

1.手型

（1）掌

竞技健美操的基本掌型分为以下两种类型。

五指分开手型：五指分开直至手掌面积最大，且保持在同一平面上，手指伸直用力到指尖。

五指并拢手型：并拢五指（保持在同一平面内），略屈大拇指第一指关节。

在习练时要注意，先按照要求将掌型控制好，然后在不同平面上练习。

(2)拳

在竞技性健美操中，拳与其他手型相比，更能体现出动作力度的感觉。

(3)指

以剑指为例，弯曲大拇指、无名指和小拇指，并拢食指和中指并伸直。

(4)特殊风格手型

竞技健美操运动的音乐元素十分丰富，因此有不同形式的手型动作与不同风格的音乐相匹配，如西班牙手型、阿拉伯手型等。

2.手臂

(1)两臂上举

两臂经前绕至上举，双臂之间的距离与肩宽相同。

(2)两臂侧举

两臂经侧绕至侧举。掌心向上、向下均可。

(3)两臂前举

两臂由下举向前绕至前举，双臂之间的距离与肩宽相同，五指并拢或分开，掌心握拳、相对、向上、向下等均可。

(4)两臂后举

两臂经前向后绕至后下举，尽量向后举手臂，双臂之间的距离与肩宽相同。

(5)两臂前上举

两臂经前绕至与前举与上举夹角为45°的位置或前侧上举。

(6)两臂前下举

两臂经前绕至与前举与下举夹角为45°的位置或前侧下举。

(7)两臂胸前平屈

两臂于胸前屈肘，大小臂平行地面，前臂与额状轴平行，小臂与胸之间大约相距10厘米。

(8)双臂侧举屈

双臂侧举同时屈肘,前臂与上臂垂直。

(四)躯干姿态

1.躯干稳定性训练

(1)负重仰卧起坐

仰卧,两手于胸前持实心球,球尽量与下颌接近。实心球的重量可根据个人实际肌力水平而定,一般是2~3千克。经过一段时间训练,实心球的重量可逐步增加。由仰卧至起坐的过程是腰腹肌做克制(向心)工作,要以稍快的速度完成,由坐起返回仰卧姿势,腰腹肌做退让(离心)工作,身体以较慢的速度回倒,回倒时间是起坐时间的一倍。

习练时要注意,控制好身体回落的速度,避免因速度过快而造成腰部损伤,影响腰腹肌锻炼效果。这一练习收缩强度较大,要将负荷重量控制好。

(2)健身球俯卧撑

俯卧,两手撑地把身体支撑起,两脚背置于健身球上,含胸收腹。两臂和健身球的距离通常是一臂半的长度,具体可根据个人实际肌力水平而调整。经过一段时间训练,两臂和健身球的距离可逐步增大。两臂由直臂到屈臂是躯干做退让(离心)工作,身体以较慢的速度下降,下降时间是向上时间的一倍,如果下降速度过快,会影响躯干稳定性的锻炼效果。两臂由屈臂到直臂的过程是躯干做克制(向心)工作,要以较快的速度完成。

习练时要注意躯干的稳定和俯卧撑的适宜速度。

2.躯干灵活性训练

先进行肩关节运动,如左右依次提肩、提两肩,左右依次前后绕肩和双肩同时绕等,然后做髋关节运动,如顶髋、绕髋等。最后做躯干移动练习,如做向前、后、左、右不同方向的练习。以提高身体各部位的灵活性。

三、身体弹动

（一）踏步

1.踏步

上体直立，脚踏下时先脚尖落地，然后再全脚掌落地，支撑腿落地时伸直膝关节，两臂屈肘在身体两侧前后自然摆动。再进行弹动性踏步训练，脚尖接触地面后踝关节有控制地过渡到全脚掌，支撑腿落地时微屈膝关节，使两腿有同时屈膝的过程，两臂屈肘在身体两侧前后自然摆动。

2.弹动踏步

在音乐伴奏下，跟随节拍踏步，手臂配合下肢前后依次摆动。摆动腿屈膝抬起时，支撑腿也同时微屈膝，摆动腿落地时伸直支撑腿。

在习练过程中，要注意先慢节拍练习，再根据熟练程度加快节奏。先练习直立踏步，再练习弹动踏步，循序渐进提高锻炼效果。

（二）蹬、伸

1.基本蹬伸

一脚踏在踏板上，快速向上用力蹬直，保持身体垂直轴的控制，左右腿依次练习。

2.负重蹬伸

一腿小腿绑沙包做蹬伸练习，使身体承受一定负荷。左右腿依次练习。

3.负重提踵

在踏板上单脚或双脚站,在踝关节上绑沙包,借助踝的力量做提踵练习,反复进行。

4.原地屈膝弹动

踝、膝关节随着音乐节拍有节奏地屈伸,脚尖不离地,手臂配合下肢做辅助动作。音乐速度先慢后快,上下肢动作随之加快。反复练习。

5.原地髋、膝关节弹动

两脚并拢,脚尖随音乐节奏的变化抬起、落下,同时膝关节做屈伸,脚跟不离地,两臂屈肘前后自然摆动。

(三)踢、跳

1.弹踢

支撑腿膝踝关节弹动的同时,有控制地弹踢非支撑腿的小腿,有控制地伸展膝踝关节。先练习单腿不间断地弹踢,再练习两条腿交替弹踢。两腿交替弹踢时,支撑腿踝关节始终有弹性地屈伸,先原地练习,再进行行进间练习。

2.弹动纵跳

弹动纵跳的练习共4拍。
1、2拍:原地屈膝弹动,手臂配合下肢同时前后摆动。
3拍:向上纵跳,手臂顺势上摆至上举。
4拍:落地缓冲,手臂顺势下摆至体侧。

3.原地连续小纵跳

并拢双脚,足尖不离地,足跟随音乐节奏上抬、下落,同时踝关节不断屈伸，两臂前后自然摆动。

4.负重连续纵跳

在脚踝关节上绑沙包，然后半蹲，手臂后摆，蹬伸时向上跳，手臂顺势上摆，落地后屈膝缓冲，接着继续上跳，不断练习。

习练时要注意，起跳后身体保持适度的紧张，落地时要有意识地缓冲。

5.吸腿跳和跳踢腿

支撑腿膝踝关节弹动的同时，另一腿提膝或向前大踢腿，支撑腿足跟始终不完全落地，有控制地弹动，膝关节保持微屈的弹动状态。先重复进行一条腿的连续吸或踢练习，提高弹动性，之后两腿交替练习。

6.开合跳

先两腿开立进行弹动训练，再两腿并拢进行弹动训练，最后一开一合连续进行开合跳练习。

第二节　竞技健美操难度动作

一、支撑类难度动作

（一）分腿支撑

1.他人辅助训练

身体稍倾斜，抬头、含胸、收腹，屈髋，双腿分开至少90°，两手稍微分开且在地面上支撑身体，两臂伸直；辅助者将练习者的双脚抬起，使双脚与髋保持一条直线，帮助练习者伸直双腿且平行于地面，支撑时间慢慢增加。随着练习者腰腹肌和下肢力量的逐步增强，辅助者慢慢拿开双手，使练习者独立练习。

2.平衡木辅助训练

身体稍倾斜，抬头、含胸、收腹，两手稍微分开且在平衡木上支撑身体，两臂伸直，髋部弯曲双腿分开至少90°。两臂将身体支撑起，伸直两腿且尽量平行于地面，支撑控制时间逐步增长，促进练习者肌肉控制能力的不断强化。随着控制能力的增强和技术动作的熟练，转移到地面训练。

（二）直角支撑

两臂伸直，两手撑在双杠上支撑身体，身体稍微倾斜，抬头、含胸、收腹，两腿伸直并拢，双腿抬起平行于地面，支撑时间逐步增加。随着练习者对技术动作的不断熟练和腰腹肌力量、髂腰肌力量的增强，可转移到地面练习。

（三）分腿高直角支撑

在同伴的辅助下练习，含胸、收腹，加紧下颚；双臂伸直支撑身体，身体稍微向后仰；髋部弯曲，双腿分开向上举起成“V”字形（与地面垂直），且与胸部紧贴。同伴站在练习者身后，用手抓握其两脚，练习者保持身体姿态不变。

随着技术动作的不断熟练，逐步增加支撑时间，并使练习者在没有同伴的辅助下独立练习，达到基本要求。

二、跳跃类难度动作

（一）屈体分腿跳

1.团身跳

两脚并拢，膝部弯曲发力向上起跳，两膝在空中弯曲同时团身，膝关节尽力向胸部靠近，两脚并拢落地。

2.两脚并拢原地纵跳

两脚并拢，膝部弯曲发力向上起跳，两臂顺势上摆，两脚并拢落地。

3.屈体分腿跳

两脚并拢，膝部弯曲发力向上起跳，空中做屈体分腿动作，两脚并拢落地。

在屈体分腿跳练习中，首先应针对腿部力量、脚踝关节的爆发力进行训练，然后进行空中姿态练习。

（二）纵劈腿跳成俯撑

1.原地纵劈腿跳

向上纵跳，空中前后打开两脚，到达最高点时纵劈腿，下落时屈膝缓冲。训练过程中，保护者站在练习者后侧方，两手扶其髋。当练习者向上纵跳时，保护者施加帮助，从而延长腾空时间，使练习者有充分的时间纵劈腿，练习者落地时加强对其的保护。

在习练过程中要注意对身体垂直轴的控制，收腹挺胸、立腰立背、紧臀、肩下沉，头向上顶。根据实际情况，手臂可以做一些配合下肢的辅助动作。

2.原地前倒成俯撑

自然直立，身体前倒，双手着地成俯撑姿势。保护者站在练习者侧面，当练习者身体前倒时，迅速托其腰腹，减缓倒地速度，防止损伤发生。

习练过程中，要注意收紧身体各部位，着地时肘部及时弯曲进行缓冲，五指分开，从指尖到全手掌依次着地，头与身体保持在一条直线上。

3.前后分腿跳成俯撑

两脚向上垂直起跳，离地后双腿迅速前后分开，双脚间的夹角不超过135°。达到最高点时下落，前腿迅速向后摆动，上体前倒以俯撑姿势着地。

4.纵劈腿跳成俯撑

两脚起跳，在空中纵劈腿，然后以俯撑姿势着地。

习练中要注意，前后腿尽量劈开，腿要伸直，要绷直脚面。

三、俯卧撑类难度动作

（一）单臂俯卧撑难度动作

1.标准俯卧撑控腹训练

以标准俯卧撑姿势开始，并拢双脚，两臂之间的距离约与肩宽相同，腰腹肌、臀部肌肉收紧，整个身体保持一条直线。保持这个姿势一段时间。

为了提高控制身体的难度，可在标准俯卧撑控腹的基础上两脚蹬地使重心向前。

2.下肢抬高控腹训练

做标准俯卧撑预备开始姿势，两臂之间的距离约与肩宽相同，两脚并拢放在高于地面的物体上，腰腹及臀部肌肉收紧，身体保持一条直线。然后逐步加抬高双脚的高度，增加完成动作难度，提高腹肌控制能力。

在习练过程中要注意，身体重心应始终保持在腰腹部位，不要太向前。

3.动态控腹训练

做标准俯卧撑预备开始姿势，两臂之间的距离约与肩宽相同，两脚并拢放在健身球上，腰腹及臀部肌肉收紧，由于健身球的特定形状决定其动态练习的特点，因此身体必须收紧并保持在一条直线上，从而提高身体的控制能力。

为了增加训练难度，可以在背部增加阻力，如加放杠铃片或其他重物，提高动作难度，促进练习者腹肌控制能力的提高。

在习练过程中要注意，身体重心应始终保持在腰腹部位，不要太向前。

4.抗阻力控腹训练

以标准俯卧撑姿势开始，并拢两脚，两臂之间的距离约与肩宽相同，腰腹肌、臀部肌肉收紧，整个身体保持一条直线。保持这个姿势一段时间。

为了增加训练难度，可在身体背部增加阻力，如加放杠铃片或其他重物，以增加控制身体难度，促进身体控制能力的增强。

5.单臂单腿支撑控腹训练

两脚分开，两脚之间的距离约与肩宽相同，单臂、单腿着地支撑身体，支撑臂肘关节伸直，自由臂动作不限，腰腹肌、臀部肌肉收紧，整个身体成一条直线，保持这个姿势一段时间。

6.单臂双腿支撑控腹训练

双脚分开，两脚之间的距离约与肩宽相同，单臂着地支撑身体，支撑臂肘关节伸直，自由臂动作不限，腰腹肌、臀部肌肉收紧，整个身体保持一条直线。保持这个姿势一段时间。

为了增加训练难度，可以在以上练习的基础上双脚蹬地，使重心向前，促进身体控制能力的提高。

（二）双臂俯卧撑难度动作

1.跪撑俯卧撑

膝跪地，小腿并拢（或交叉），上体为标准俯卧撑姿势，做好准备姿势后，进行俯卧撑练习，两腿向后伸直，前脚掌着地，做标准俯卧撑。

习练过程中要注意收紧腰腹，身体保持一条直线。

2.对墙俯卧撑

练习者站在与墙（或肋木）相距 1 米左右的位置，直体前倾，两手撑在与胸部同高的墙上，做标准俯卧撑姿势。进行俯卧撑练习，随能力和力量的提高，双手撑的位置和重心逐渐下移。要标准地完成每个位置的动作，收紧腰腹及臀部肌肉，身体保持一条直线，直到手撑地做标准俯卧撑为止。

在习练过程中要注意，不论在哪个位置练习，身体都要保持在一条直线上。

3.俯卧撑逐渐缩小臂间距

两手分开撑在地上进行俯卧撑练习，双手间的距离稍宽于肩，然后逐渐缩小两手的间距进行练习。动作幅度要逐渐增大，直至达到标准俯卧撑对臂间距离的要求。

4.下肢抬高俯卧撑

两脚放在高于地面的物体上，两手撑地做标准俯卧撑，腰腹及臀部肌肉收紧，身体保持一条直线，逐步抬高双脚高度，增加练习难度，提高俯卧撑练习的能力。

在习练过程中要注意，身体重心要始终保持在腰腹部位，不要太向前。

四、柔韧与变化类难度动作

（一）平衡前倒成纵劈叉

1.平衡训练

平衡训练的目的在于提高身体控制能力及完成难度动作的能力。首先在同伴的辅助下进行搬腿平衡提锺练习，然后练习者独立进行练习。这对于促进练习者踝关节控制能力和难度动作完成能力的提高具有积极的影响。

2.斜板训练

身体直立，含胸收腹，下颚收紧，成搬腿平衡姿态，前倒于斜板上，重复练习此动作，充分掌握技术要领。随着动作完成质量的提高，逐步降低斜板的倾斜度，最后过渡到地面进行练习。

（二）横劈叉腿前穿

身体俯卧，含胸收腹，双腿分开成横劈叉状，双臂伸直支撑身体，两脚架在离地面 30 厘米高的物体上，慢慢前后移动，逐渐加大移动幅度。随着技术动作的不断熟练，将双脚放回地面进行练习。

第三节　竞技健美操技法训练

一、竞技健美操动作力度训练

（一）表象训练

表象训练就是在不借助外力的帮助下，练习者靠自己对动作感受能力的记忆对动作的发力顺序、动作速度、动作的方位以及动作制动，进行准确的判定。表象就是练习者自己在头脑中想象动作训练的过程，回忆训练的画面、动作用力的感觉。长时间的表象训练有利于促进练习者力度感的增强。

在表象训练中，教练员要及时纠正练习者的错误表象，否则会导致负诱导的作用出现。教练员应及时用口令或提示语（“用力再大些”“节奏再加快点”）帮助练习者协调用力，也可以直接用手帮助练习者。表象训练的过程中可将一些镜面练习穿插其中，深化练习者的正确运动表象。

（二）协助训练

在竞技健美操动作力度训练中，协助训练是一个最直接的指导训练方法，一般在运动初期建立动作感知能力阶段采用这一训练方法。

在协助训练中，教练员要控制和调整练习者即将完成的动作，纠正其动作用力大小、动作速度、动作方向以及动作制动时机掌握的准确性。

例如，在“左臂上举，右臂前举”动作教学中，教练员可双手握住练习者的手腕带动其摆动，使其能够快速有力地摆至标准位置制动，并让其体会到位后制动的肌肉用力感觉，也可以借助哑铃来练习，根据练习者的体重举起相应重量的哑铃，以促进其肌肉感受力的提高。同时，也可以采用标准位置的限定训练，教练员可用双手放在前举位置和上举位置或用线绳等其他物品来代替，让练习者双臂摆动到该位置快速制动，反复练习可促进练习者对动作的感受能力的提高。

（三）负重练习

负重练习指的是举起适宜重量的哑铃，在规定时间内完成一定次数的屈、伸、摆、绕环等动作，反复练习，提高肌肉运动感觉。在训练实践中，采用 10～15 RM 的重量连续做各种举、屈、伸等动作，从而提高力量和动作力度。

在负重训练的强化训练阶段，可以在不同音乐节奏的伴奏下进行基本动作练习，同时，练习者可以对着镜子练习，以及时纠正动作，提高动作力度感。

二、竞技健美操动作速度训练

（一）助力训练

在竞技健美操基本技法训练过程中，教练员可利用外界助力使练习者完成某一动作的速度不断提高，然后让练习者对快速运动的动作感觉进行体会。

在助力训练中，教练员应将提供助力的时机以及用力大小控制好，同时应该让练习者体会在助力作用下动作完成的时间和用力的大小，以使其深刻理解竞技健美操对动作速度的要求，提高其完成基本动作的速度。

（二）高频重复性训练

高频重复性训练是指练习者在规定时间内快速对具体动作不断重复的训练。高频重复性训练是专门用来发展具体动作速度的训练方法，在竞技健美操运动中，经常会看到一些运动员的个别动作速度过慢，影响了整体的表现和最终的成绩。针对这一问题，可采用高频重复性训练方法来解决。

在高频重复性训练中，教练员先规定具体动作训练时间，要求练习者以重复速率的提高为标准提高其具体动作的运动速度。重复性训练强调每次重复都应该在原有基础上不断熟悉动作技术和运动路线，从而达到高质量自动化完成动作的目的。

（三）变奏训练

变奏训练是指通过改变音乐节奏，让练习者同步练习动作，体会在快节奏、慢节奏下完成动作的训练方法。

在变奏训练中，在快节奏下，练习者的动作容易变形，或者动作表现力会降低，此时，教练员应及时提醒练习者要规范动作，高质量完成动作。

变奏训练的另一层意思是音乐速度没有变化，只是对动作的练习速度进行了调整，或结合高速度动作练习与变速练习的综合训练，这种训练有利于防止练习者的动作停留在稳定速度水平上，从而获得进一步的提高。

三、竞技健美操动作幅度训练

（一）压腿

1.正压腿

支撑腿脚尖正对前方，伸直膝关节，摆正髋关节，抬头、挺胸、屈上体。

2.侧压腿

支撑腿脚尖、膝盖所对的方向与被压腿方向垂直，伸直膝关节，充分展开髋关节，抬头、挺胸、上体侧屈。

3.后压腿

摆正髋关节，支撑腿弯曲，抬头、挺胸、上体后仰、压胯。

4.劈叉控腿

左腿在前或右腿在前，做劈叉姿势，控制 5 分钟。也可进行架高劈叉控腿练习。

(二)体屈、转

1.体侧屈

双脚并拢或开立(两脚之间的距离与肩同宽),双手举过头顶互撑,躯干在手的带动下做最大极限的侧屈,保持10秒。

2.体转

两脚并拢或开立(两脚之间的距离与肩同宽),两肩侧平举,向左转动时,左肩带动躯干进行最大限度的左转,控制10秒钟,向右转动时右肩带动躯干进行最大限度的右转,控制10秒。

3.体后屈

两手握肋木,两腿并拢或开立(两脚之间的距离与肩同宽),抬头、挺胸、上体最大限度后仰,控制10秒。

(三)肋木训练

①各种徒手体操中活动肩、肘、髋关节的动作训练。
②与同伴互扶俯身正侧压肩训练。
③两手向后握肋木向前探肩训练。
④两手握肋木直臂压肩训练。

(四)皮筋训练

在竞技健美操训练中,为提高动作幅度与身体的柔韧性,可借助橡皮筋进行练习,具体方法如下。

1.上肢训练

(1)腕外展内收

在橡皮筋中央站好,两手将皮筋两头握住,侧举拉紧橡皮筋。外展时,立拳,拳心向前,手腕向与拉力方向相反的方向用力;内收时，立拳，拳心向后，手腕向与拉力方向相反的方向用力。

上习练过程中需要注意的是，手腕与前臂的运动应维持在同一平面内。

(2)腕屈伸

在橡皮筋中央站好，两手将皮筋两头握住，侧举拉紧橡皮筋。腕屈时，拳心向上，双手克服橡皮筋的拉力向上屈；腕伸时，拳心向下，双手克服橡皮筋的拉力向上伸。从而促进前臂肌肉力量的发展。

在习练过程中需要注意拳心的方向，使屈伸方向与拉力方向刚好相反。

(3)前臂屈伸

在橡皮筋中央站好，两手将两头握住并置于体前，将橡皮筋拉紧，固定上臂，前臂屈，再伸至原位。这一训练可促进练习者肱二头肌、肱三头肌肌肉力量的发展。

在习练过程中需要注意，应固定好上臂，不可随前臂运动而移动上臂，以免影响锻炼效果。要控制好运动速度，屈伸速度应均匀。

(4)上臂屈伸

在橡皮筋中央站好，两手将两头握住，两臂置于身体两侧，拳心保持相对。屈臂时，直臂向前抬起，拉紧皮筋，再放下；伸臂时，直臂向后抬起，拉紧皮筋，再放下。从而促进胸大肌、肱二头肌等肌肉力量的发展。

在习练过程中需要注意，臂屈伸时，应尽量加大前屈和后伸的幅度，提高训练效果。另外应控制好运动速度。

(5)臂外展

在橡皮筋中央站好，两手将两头握住，两臂置于身体两侧，拉紧皮筋，两臂经体侧向上运动，再放下。从而促进三角肌、胸大肌等肌肉力量的发展。

在习练过程中需要注意，两臂始终与身体在同一平面上。应控制向上和放下的速度，匀速完成练习。

2.腹背部训练

(1)体前屈

两腿分开在橡皮筋中央站立，橡皮筋经体后至头后，两臂屈肘，在头后将橡皮筋两头握住，上体前屈，再起来。从而促进腹背肌力量的发展。

在习练过程中需要注意，两腿要伸直，控制好上体上起的速度，不要太快，匀速上下进行练习。

(2)体侧屈

两腿分开在橡皮筋中央站立，一手将皮筋一端握住，另一手放松于体侧，把皮筋拉紧。上体向另一侧屈，还原，再换另一手握皮筋进行重复练习，从而促进腹直肌、腹外斜肌、腹内斜肌肌肉力量的发展。

在习练过程中需要注意，两腿要伸直，身体和手臂的运动要保持在同一平面。

3.下肢训练

两腿分开在橡皮筋中央站立，橡皮筋经体后至头后，两臂屈肘，头后将橡皮筋两头握住，拉紧皮筋，两腿屈膝下蹲，再站起。从而促进臀部、腿部力量的发展。

在习练过程中需要注意，下蹲时拉紧皮筋，收紧腰腹，控制好下蹲速度，避免速度太快。

第四节　竞技健美操表现力教学

表现力泛指表达情感、情绪的一种能力。在竞技健美操比赛中，运动员的表现力会直接决定比赛结构。具体来说，竞技健美操表现力是指运动员通过自身所具备的认知力、理解力、观察力、想象力、自信心等，把健美操动作和音乐的内涵转化为自身内在的情感，并借助于身体姿态、技术动作以及面部表情等外部形态持续地表达出来，从而吸引和感染观众的能力。[①]

在竞技健美操运动中，运动员的表现力反映了其内在精神气质和外在动作表现的完美统一。为提高运动员的表现力，可通过以下几种方法进行教学与训练。

一、观察法

观察法指借助外部媒介进行直观观察，从中寻找不足，及时加以改正，以促进竞技健美操运动员表现力不断提高的教学与训练方法。观察法的具体形式有以下两种。

（一）镜面观察

镜面观察法是指运动员在镜子前进行练习，从而对自己的技术动作、身体姿态、面部表情等训练进行观察，通过进行自我表现评价，凭借主观感觉对技术动作、形体姿态、面部表情进行调整，从而增强自身的表现能力，规范自己的技术动作。

镜面观察既有效又实际，在没有录像设备的条件下，可采用这一方法来提高运动员的表现力。

（二）录像观察

录像观察法是指运用摄影摄像等现代化设备来协助运动员进行竞技健美操训练的方法。这种训练法实际上是借助外部媒介对运动员的表现予以记录，然后直观反映，让运动员自己观察、比较，找出自己的不足，从而不断改正与提高的一种训练方法。

录像观察法具有以下两项优点。

①使运动员对自身动作的不足之处有更加直观的认识，从而及时改正动作，培养运动员的观察能力，促进其主体作用的发挥。

---

① 王洪.竞技健美操训练方法[M].北京：人民体育出版社，2009.

②打破时间的局限性，将瞬时呈现的状态记录下来，让运动员仔细揣摩自己的动作是否协调、到位、有力度、有节奏感、优美，面部表情的展现是否合理、自然、恰到好处等，从而找出自己的不足，有针对性地完善。

二、表情法

（一）对镜训练法

对着镜子训练面部表情的方法就是对镜训练法，如对着镜子做各种表情，锻炼和控制脸部肌肉，同时体会做哪种表情更能吸引和感染观众，进而有针对性地反复的练习。

（二）眼神控制法

在表情训练中，要特别注意眼神控制。通过眼神控制的训练，可充分锻炼眼部周围肌肉，使眼睛更有神采。在竞技健美操运动中，运动员在控制好自身身体姿态的同时，加上富有感染力的眼神，可将自己内心的情感充分流露出来，达到内外合一的效果，从而使自己的表现力达到一个新的水平。

竞技健美操运动中，眼神控制的训练方法见表 7-1。

表 7-1 竞技健美操表现力的眼神控制训练法

训练方法	具体手段
眼球和眼肌训练法	(1)放光与缩光，快放快缩、慢放慢缩 (2)舒眉展眼 (3)转眼球，正反向慢转 (4)快转摆眼球，横摆、竖摆、慢摆、快摆等
眼睛素质训练法	(1)笑眼、哭眼、羞眼、迷眼、睡眼、恨眼 (2)环视、怯视、傲视、怒视、放光凝视、缩光凝视 (3)畏惧、询问、惊喜、寻觅、央求、关切、焦急、怀疑、示意、会意等

续表

训练方法	具体手段
眼睛与音乐、动作结合训练法	(1)盲眼、羞眼、怒视 (2)焦急、畏惧、陌生等

(三)赛中调节法

赛中调节法指的是在竞技健美操比赛中,运动员通过面部表情的调节来调整自身竞技状态的训练方法。

在竞技健美操比赛前,运动员容易紧张,产生焦虑症状,这时需有意识地放松面部肌肉,轻搓面部,使面部肌肉舒缓;如果运动员在赛前提不起精神,心情低落,可有意多笑笑,或多看别人的笑脸,想一些曾经发生的高兴事,从而有意识地控制自己的面部表情,保持良好竞赛状态。

三、组合训练法

(一)自信组合

在竞技健美操运动的教学与训练过程中,教练员不断提醒运动员保持正确、优美的身体姿态,流露出阳光的表情和自信的眼神,将健美操运动青春向上、自信健康的精神风貌体现出来。

(二)激情组合

激情组合训练方法中,情绪调动训练最为常见,在具体训练过程中,教练员利用某一段经典的艺术表现形式调动运动员的情绪与积极性,如播放优秀健美操运动员的比赛实况,吸引运动员的注意力,使其保持积极的训练状态,这有利于提高训练效果。

第五节　竞技健美操运动队伍培养

培养竞技健美操队伍应重点从以下几方面来着手进行。

一、注重竞技健美操运动选材

（一）竞技健美操运动选材的重要性

随着竞技健美操运动的不断发展和国际性比赛激烈程度的增加，竞技健美操的动作难度越来越高，这就对运动员的身心素质和运动能力提出了更高的要求。因此，在竞技健美操选材过程中，要充分考虑当前竞技健美操运动发展的趋势及发展需求，从而提高选材的科学性与实效性。

竞技性健美操运动员选材的成功可以有效提高之后的训练与比赛水平。世界健美操运动开展时间并不长，但技术水平进步很快，各国选手间的竞争越来越激烈。随着竞技性健美操专项技术与训练理论的深入研究，教练员在努力探寻高新技术训练的同时，也将科学选材工作放在了重要的位置。各地区和学校健美操代表队的组建和训练也得到了高度的重视。对竞技健美操运动员进行选材，就是从众多人群中选拔出适合参与健美操运动项目的人，对其进行重点培养和训练，使其拥有健美操运动的竞技能力，在比赛中取得优异的成绩，推动竞技健美操运动的发展。目前来看，科学选材已成为当务之急。做好这项工作将从根本上推动竞技性健美操的发展。

（二）竞技健美操运动选材的指标

1.形态类指标

健美操运动选材中，健美的体形是一个非常重要的指标，有关人员通过对近年进入世锦赛决赛的运动员进行体形测评后发现，所有运动员的形态不仅与健美操动作的力学特点相符，而且与美学要求相符。因此在健美操选材中要注意形态类指标的重要性，严格筛选对健美操运动成绩有影响的形态类指标，包括高度（身高、坐高）、长度（腿长、臂长、手长、颈长）、围度（胸围、腿围、腰围、臀围）、宽度（肩宽、髋宽）、充实度（体重、皮脂厚度）等。

2.身体素质指标

身体素质指的是人体在运动过程中表现出来的力量、速度、耐力、柔韧、灵敏、平衡等能力。这些素质是竞技健美操运动员掌握基本健美操技术和技能的基础与前提条件。随着竞技健美操运动规则的不断变化与完善，对运动员的身体素质提出了较高的要求，其中对柔韧素质和力量素质方面的要求要比其他素质更严格一些。

身体素质受一定遗传因素的影响，在运动员的选材中要特别注意选材的优良性。当然竞技健美操所需的一些素质受环境影响较大，可以通过后天训练获得。

3.生理机能指标

心功能指数是一种对人体心肺功能进行测量的简易方法。通过测试运动员的安静心率，30 秒的 30 次蹲起后的即刻心率和 1 分钟后的恢复心率，可以对运动员的心肺功能做出评定。一般来说，这三个心率偏低的运动员心肺功能强。

心功能指数这一测试方式采用克服自身重心的方式，其负荷形式和测试时间与健美操项目很接近。心功指数和年龄及训练水平有关。根据统计，随着年龄的增大，心功指数会递减，运动水平的前后差异也会增大。

生理机能指标受遗传因素的影响比较明显，在选材过程中，要尽可能选择有良好先天条件的后备人才，经过一定训练后，如果后备人才的心功指数还是达不到相应要求，其就难以在之后的训练中承受大负荷，因此可以不予以做考虑。

4.心理类指标

(1)心理素质

心理素质也称“心理品质”，包括心理过程和个性心理特征。心理素质对竞技健美操运动员运动能力的发挥有重要的影响，因此在选材时应特别注意对运动员心理素质的考察。

竞技健美操要求运动员拥有良好的心理稳定性、积极的性格、坚强的意志和一定的思维能力，所以在选材时应将这些因素作为具体指标。

(2)神经类型

根据竞技健美操运动的特点与发展需要，从神经类型考虑，在后备人才选材中，应挑选神经兴奋且具有稳定性的人。

5.气质类指标

活泼型队员，活泼好动，聪明伶俐，精神饱满，易兴奋也易抑制，模仿性强，接受事物也快，掌握动作也快；安静型的一般较安静，稳重，掌握动作虽慢，但稳定性强。凡是表现好、成绩较突出的健美操运动员大都属于活泼型和安静型，所以从气质类型方面选材来看，以选安静型和活泼型为宜。

6.技术类指标

竞技健美操运动具有较强的技术性特征，基本技术对运动员技术的发展具有关键性作用。竞技健美操技术动作非常多，所以在选材中，只能从对比赛成绩有重要影响的关键动作入手进行评定，根据运动员年龄和训练水平的不同，选用的动作指标也各有差异。教练员可以通过观察备选人才在规定动作中的表现来判断其发展潜力，从而做出选择。

（三）竞技健美操运动选材的原则

1.个性性原则

根据竞技健美操运动发展的特点，在对竞技健美操各项选材指标进行选择和制定时，应对不同运动员的特点、不同时期的训练任务进行综合考虑，区别对待，使健美操运动选材充分体现集群性特点与个性特点，并自觉与健美操的特点进行结合与对照，从而选拔更适合从事健美操运动的优秀人才。

2.长久性原则

依据我国儿童少年生长发育的特点，各项指标在生长发育期都呈上升趋势，身高体重的这一变化趋势尤其明显；同时根据国内外人群种族差异，从人体健美的实际情况出发，考虑我国竞技健美操要走向国际的趋势，在确定各项指标时，需对有利于该运动发展的标准予以充分考虑，使选材指标具有长期性。

3.可发展性原则

根据我国青少年身体发育的特点和竞技健美操运动的客观发展规律，从这项运动发展的客观实际考虑，在选择竞技健美操科学选材的指标时，应选择可发展的指标。

4.多因素综合原则

健美操运动员的竞技能力由多方面的因素共同决定，某一因素的不足或某方面的缺陷会对其整体竞技能力产生不同程度的影响。任何人都不是十全十美的，所以要细致分析对健美操后备人才各种能力和素质测定的结果，抓住那些主要因素进行综合权衡，在此基础上做出最终的取舍决定。

二、科学训练

（一）制定科学的训练计划

竞技健美操训练是一项非常具有系统性的工程。各子系统之间的衔接非常密切，这样才能保住训练的有效性。竞技健美操训练要以严谨的计划为依托，培养全面发展的人才。良好训练效果的取得离不开对训练计划的科学制定，制定训练计划是实现终极训练目标，即取得优异比赛成绩的保证。

制定竞技健美操训练计划是以竞技健美操训练目标为核心而开展的一项工作。由于竞技健美操的训练对象具有差异性，因此训练目标也有一定的区别，因此制定训练计划时，要有所侧重，要符合训练对象的实际情况。对于成年队来说，取得优异的比赛成绩是训练的终极目标，因此对成年队制定训练计划应以比赛周期、竞技状态的形成等因素为依据；而对于青少年队来说，训练的目标主要是培养人才，因而对青少年队制定训练计划主要依据青少年不同年龄阶段的身心发育特点，而且在不同时期安排的训练内容、训练手段都应该突出不同的侧重点。

竞技健美操训练计划的类型有很多，不同类型的计划包括一些基本共同内容，如分析运动员现实状态、确定训练任务及指标、划分训练阶段确定阶段任务、规划负荷的动态变化、选用训练手段、确定各手段负荷量度、制定恢复措施等，需要注意的是，在实施不同计划的过程中必须抓住重点，突出重点，提高训练的实效性，使训练过程按预先设计方向运行，从而取得理想的训练成绩。

（二）在不同阶段实施有针对性训练

竞技性健美操运动的全程性多年训练过程包括五个阶段，分别是选材阶段、基础训练阶段、专项提高阶段、最佳竞技阶段以及竞技保持阶段。不同阶段的训练任务、内容、特点以及负荷是不同的,具体见表 7-2。

表 7-2　竞技性健美操多年训练计划的阶段划分及安排

阶段划分	主要训练任务	主要训练内容	训练特点	训练负荷
选材阶段	发现人才,进行优秀健美操运动员的选材	各种游戏性的健美操运动形式学习各项基本动作	培养对健美操的兴趣	严格控制运动量,不能追求难度
基础训练阶段	发展一般运动能力	发展各种运动素质	循序渐进	适宜的量度
专项提高阶段	发展专项竞技能力加强训练理论的学习	基本技术的再加工重点培养专项竞技能力	训练工作中思想教育和心理训练的比重都要相应增大	逐步承受较大的专项训练负荷
最佳竞技阶段	发展专项竞技能力加强训练理论的学习	集中进行专项训练,并积极参加运动竞赛	训练工作中思想教育和心理训练的比重都要相应增大	负荷通常呈波浪形,有起有伏,有张有弛,保持明显的节奏
竞技保持阶段	继续提高身体素质和机能能力对体现个人优势的难度动作精雕细刻	抓好思想教育和心理训练注意一般身体素质的训练	教练员细致地做好工作,维护运动员的威信	负荷通常低于专项提高阶段和最佳竞技阶段

三、培养运动员的心理素质和合作能力

对于竞技健美操运动员而言,竞技能力不仅包括身体素质、技术等,还包括心理素质能力,把握和调整心理活动是竞技健美操运动员必须具备的一项基本素质,运动员的个性心理特征在训练和比赛中起着重要的作用,心理素质良好的运动员往往能够在比赛中充分发挥自己的水平,因此,要重视对竞技健美操运动员心理素质的培养。

在 21 世纪,合作已经成为人类社会发展的新主题。健美操

的团队合作精神是指整个健美操团队为了达到共同的目的齐心协力、团结互助的比较稳定的个性心理特征。现代竞技健美操比赛需要的是具有较好的合作能力、较强团队精神的身心健康的复合型运动员。因此，在新训练理念的指导下，必须重视对竞技健美操运动员团队合作意识的培养。通过这方面的培养提高运动员的社会适应能力，进而促进运动员的全面发展。

高校竞技健美操往往是两个或两个以上的团体合作，任何一个队员的发挥都会影响整个团队的比赛成绩，培养运动员的团队合作意识，能增强队员的集体责任感，使团队在比赛中发挥优秀训练水平，另外，培养运动员的团队合作意识能增加队友之间的默契程度，减少运动损伤发生的概率。

四、不断创新

（一）提高运动员的思维能力

思维能力包括思维的广度、深度、灵活性和独立性。竞技健美操运动员的创新思维能力主要包括想象力、联想思维能力、多向思维能力等要素。

1.想象力

想象力是善于任意改变、组合、扩大和加工意象，形成新形象的能力。任何创新都是起源于想象，只有先丰富联想并敢于质疑，才能产生想象，想象力形成与发展的基础主要是深奥和渊博的知识和实践经验。在竞技健美操动作创新中，想象力的作用至关重要，在训练场上，教练员应该善于根据运动员动作表现情况与相应的动作建立联系，组合加工，从而产生新的思考，创造新的动作。

2.联想思维能力

联想思维能力是指善于由一个事物想到另一个事物的能力。

发现看似没有任何联系的两个事物之间的联系是创造性思维的本质。联想思维能力强的人可以充分运用自己已掌握的知识，调动自己的经验，在此基础上扩大创新思路。在竞技健美操动作创新过程中，教练员善于从现有的动作联系到其他项目的动作，为创新建立一个良好的思维模式，由一个动作想到多个动作，或由一类动作想到其他类动作，或从连接方式的改变想到其他项目的连接动作，这些都是创新的主要途径。此外，教练员应该学会捕捉瞬间灵感，这同样是培养与提高创新能力的重要环节。

3.多向思维能力

多向思维能力是指善于从多方向、多角度思考问题和解决问题的能力，多向思维能力比单向思维能力更能够激发人的创造性。单向思维指人们善于从单向性和固定点思考问题，容易造成思维惰性和僵化。而多向思维强调从事物的多角度、多层次、多方面和多方向去研究问题、认识问题，在逆向、侧向、发散等思维辐射中转移思路，寻找新的设想。在竞技健美操动作创新的过程中，多向思维的应用主要体现在对于动作进行多角度、多层次的理解，从多个方面分析难度技术，从逆向思维、侧向思维和发散思维等几个方面着手来思考动作路线和方向，从而对动作加以科学创新。

（二）提高竞技健美操的创新设计能力

创新设计能力是指将有价值的构思变成实物，并付诸实践进行检验的能力。在现实中，许多人都会产生一些创意性的想法，甚至是相当有价值的新想法，但绝大多数都不能付诸实践，主要是因为缺乏完成能力，也有的是其他原因所致。创新完成能力是竞技体育创新能力的重要组成部分。在竞技健美操动作创新的过程中，创新设计能力主要包括教练员的组织和实施能力、运动员的实际能力。

以运动员的实际能力来说，其是指当教练员构思好新的动作时,运动员的现有水平能否完成新难度动作的能力。这里所说的运动员的现有水平具体包括其身体素质、心理素质、难度技术水平等。所以,教练员在进行难度动作创新时,必须对运动员的实际能力予以考虑,否则难度的设计将不具备实效性。

第八章 时尚健美操运动技能分析与教学指导

健美操运动现已成为深受人们喜爱的运动项目之一，同时也得到了很好的开展和推广，并在不断发展中逐渐演变出了一些新兴的、时尚的健美操运动项目，如健身街舞、爵士健身舞、健身球操、健身绳操等。这些项目因其自身的特点受到广大群众的欢迎和喜爱，并在学校中有着广泛的师生基础。本章就主要对时尚健美操运动技能分析与教学指导进行研究，内容包括健身街舞、爵士健身舞、健身球操、健身绳操等项目的基本动作的教学指导。

第一节 健身街舞

一、健身街舞基本动作教学

对于街舞来说，基本动作是其核心，只有对这些基本动作加以熟练掌握，再进行相应的组合和运用，便能够创造出难度不同、风格不同的街舞。街舞基本动作包括上肢动作、下肢动作、躯干动作和地面动作等几个方面。上肢动作主要有手臂的摆动、举、屈伸、环绕、波浪等。下肢动作主要有原地的弹动踏步等、点地、转体、移动、移动跳等。躯干动作主要有头、肩、胸、腰、髋。地面动作主要有蹲、跪、撑。

二、健身街舞组合动作教学

（一）组合动作一

第一个 8 拍（图 8-1）：

步伐：1、2 拍右脚尖点地两次，3 拍右脚向前迈一步，4 拍左脚跟上成两脚并立，5 拍右脚侧点地，重心改变，6 拍收回右脚，左脚侧点地，7 拍同 5 拍，8 拍右脚收回成并立。

手臂：1、2 拍右手向侧响指两次，3 拍双臂微曲上举，4 拍双臂放下后抬起，5、6、7 拍微曲至身体两侧，8 拍双臂斜上举。

手型：1、2 拍响指，3～7 拍放松半握拳，8 拍出双手食指。

面向：1～6 拍 1 点，5、7 拍 8 点，6 拍 2 点，8 拍 1 点。

1、2　3　4、8　5~7

图 8-1

第二个 8 拍(图 8-2):

步伐:1 拍两脚开立半蹲,右肩侧顶,2 拍同 1 拍反方向,3 拍肩带胸顺时针绕环,4 拍左脚抬起,5 拍左脚脚跟点地,6 拍收左脚出右脚跟点地,7 拍转身 180°,8 拍抬双肘。

手臂:1～7 拍自然垂下身体两侧,8 拍抬起至腰间。

手型:1～7 拍自然放松,8 拍握拳。

面向:1～3 拍 1 点,4～6 拍 3 点,7、8 拍 7 点。

图 8-2

第三个 8 拍(图 8-3):

步伐:1、2 拍脚不动,转体,3 拍右脚向前迈一步,4 拍左脚跟上成并步,5 拍左脚向后迈一步,6 拍转身 180°,7 拍右脚向后迈一步,8 拍转身 180°。

手臂:1、2 拍两次侧抬肘部,3 拍左手微伸出,4～8 拍自然摆动。

手型:半握或自然放松。

面向:1～5 拍 1 点,6、7 拍 5 点,8 拍 1 点。

图 8-3

第四个 8 拍(图 8-4)：

步伐：1 拍右脚跟前点，2 拍左脚跟前点，3 拍右脚前半步，4 拍双脚跟向前转动后收回，5 拍右脚向后一步，6 拍左脚向后一步，7 拍跳跃换脚，8 拍左脚向前成并脚。

手臂：1～3 拍自然放松，4 拍向前抬肘并收回，5、6 拍自然放松，7 拍从后向前抡右臂，8 拍自然放松。

手型：自然放松。

面向：1 点。

(二)组合动作二

第一个 8 拍(图 8-5)：

步伐：1～4 拍侧并步一次，5 拍右脚前踢并落在正前方，6 拍脚跟向前转动并收回，7、8 拍同 5、6 拍。

手臂：1 拍左手胸前，右手侧上指，2 拍反方向指一次并还原，

3 拍轻拍左膝然后向右指，4～8 拍自然能摆动。

手型：1～3 拍出食指，4～8 拍自然放松。

面向：1 点。

图 8-4

第二个 8 拍(图 8-6)：

步伐：1 拍右脚向后迈一步，2 拍左脚向后迈一步并收回右脚，3 拍开立半蹲，4 拍并脚站立，5 拍踢左脚，6 拍踢右脚，7 拍并脚或交叉站立，8 拍开立半蹲。

手臂：1 拍放松，2 拍微曲向上并手心向上，3 拍两侧抬肘，4 拍举右臂，5 拍伸右臂，6 拍自然下放，7 拍右臂上举，8 拍右手摸地。

手型：1～8 拍自然放松。

面向：1、2 拍 1 点，3 拍 3 点，4～8 拍 1 点。

第三个 8 拍(图 8-7)：

步伐：1 拍双脚交叉，2 拍转身，3 拍右脚后撤一步，4 拍左脚收回，5 拍右脚向侧迈一步，6 拍左脚同，7 拍同 5 拍，8 拍左脚收回。

图 8-5

图 8-6

手臂：1～4 拍自然放松，5 拍向左侧上举，6 拍右臂相反方向，7 拍两手向左指，8 拍向右指再回到 7。

手型：1～4 拍自然放松，5～8 拍出食指。

面向：1 拍 2 点，2 拍 8 点，3 拍 2 点，4～8 拍 1 点。

图 8-7

第四个 8 拍(图 8-8)：

步伐：1、2 拍拍右、左脚依次向后迈一步，3 拍同 1 拍。4 拍左脚脚跟点地，5 拍左脚向前迈一步，6 拍右脚向左脚前交叉。7 拍转身，8 拍收脚站立。

手臂：自然摆动。

手型：自然放松。

面向：1 点。

图 8-8

（三）组合动作三

第一个 8 拍（图 8-9）：

步伐：1 拍右脚右侧点，2 拍左脚反方向同 1 拍，3 拍同 1 拍，4 拍右膝跪地左脚向左伸出，5 拍、6 拍重心向左上侧移动，7 拍、8 拍右、左脚依次向左迈一步脚跟点地。

手臂：4 拍左手扶头，右手撑地。

手型：自然放松。

面向：1～3 拍 1 点，4 拍 8 点，5～8 拍 7 点。

第二个 8 拍（图 8-10）：

步伐：1 拍左脚向右一步，2 拍右脚向后，同时重心向右平移，3、4 拍原地交叉跳 3 次，5 拍双脚并立，6 拍开立半蹲，7 拍拍手，8 拍双脚并立。

手臂：1 拍自然摆动，2 拍挥右臂向左指，3～6 拍自然摆动，7 拍拍手两次，8 拍双臂斜上举。

图 8-9

图 8-10

手型：1～7 拍自然放松，8 拍出食指。

面向：1～4 拍 7 点，5～8 拍 1 点。

第三个 8 拍(图 8-11)：

步伐：1～2 拍右脚左踹后落地，3～4 拍左脚右后交叉，还原。5～6 拍左脚向左迈一步，右脚左踢，7～8 拍右脚落地并左脚。

手臂：1～4 拍上下摆动，5～6 拍双手经后至前交叉，7～8 拍击掌。

手型：半握拳。

面向：1 点。

图 8-11

第四个 8 拍(图 8-12)：

步伐：1～2 拍左右脚依次迈步，3～4 拍左脚原地踏步，右脚并左脚。5～6 拍右脚前、后迈步，7～8 拍右脚点地，屈小腿。

手臂：1～6 拍前后自然摆动，7～8 拍双手侧平举后至右手扶脑后,左手扶右脚跟。

手型:1～6 拍半握拳,7～8 拍放松打开。

面向:1 拍 7 点,2 拍 5 点,3～8 拍 1 点。

图 8-12

第二节 爵士健身舞

一、爵士健身舞的动作要素及其变化

①通过进行屈膝下蹲,来将身体重心更好地接近地面。

②通过保持低重心,来使下肢更加具有弹性,上半身的各个关节要保持松弛状态,并根据节拍做出相应的动作,以促使动作更加多样化。

③重心快速移动,尤其是在水平方向上移动姿势。

④让身体各个部位,如头、肩、腰、臀、躯干等做独立的动作。

⑤强调角形及线条性的动作。

⑥分割动作,有节奏性且复杂的分割动作能表现出动作中韵律的切分。如在一个动作中,把重拍放在头部或手部上,在做动作时就把头部与手部的动作与本身的动作切割来做,不与本身的动作同时进行。即本可以在一拍里就可完成动作,把它分割成几拍,动作也分割成相应的几部分来表现。

⑦多重节奏,在做动作时迅速地将两个或三个韵律用身体同时表现出来。

二、爵士健身舞组合动作教学

(一)第一个八拍

第 1～2 拍:身对 8 点方向,眼视 1 点方向,双臂于身体两侧屈肘向下,重心在左腿,右脚向前跨出;转身对 2 点方向,眼视 1 点方向,左脚向前跨出一步落在右脚前,双手放于腹部两侧;身体回正,右腿在前左腿在后,双臂架肘同肩平,双手握拳。

第 3～4 拍:转身对 8 点方向,眼视 1 点方向,右脚向前跨出一步落在左脚前,双手经过后脑勺后举过头顶,手背相对。

第 5～8 拍:左脚向左跨出一步,伸直,脚尖点地,随着重心移至左腿,右腿屈膝,脚尖点地;双臂由上落至与肩平,屈肘,右手肘部呈钝角,左手肘部呈锐角,右手自然落于大腿侧,左手向上举起后落至与肩平,屈肘成 90°。

(二)第二个八拍

第 1～4 拍:右腿向左腿靠拢后,左腿经右腿膝盖后旁踢着地,两脚呈踏步,屈膝;随着身体扭动,左手落下,两手沿身体两侧向上移,至肩侧打开,举过头顶,然后上身前屈、含首,双手指尖触地。

第5～6拍：站起，身对2点方向，眼视1点方向，两腿成右弓步，右手举起画圈后落下，双手扶胯，同时左腿移至右腿右后方，两脚成踏步；转身对8点方向，眼视1点方向，两腿成左弓步，左手举起画圈。

第7～8拍：右腿向左腿靠拢，屈膝，脚尖点地，左手落下，右手举过头顶，掌心朝前，翘臀。

（三）第三个八拍

第1～4拍：头向右偏，右腿提起，双手握拳，左手屈肘于体前，右手屈肘于头顶；头向左偏，双手松拳变为掌，左手屈肘于胸前，掌心朝上，右手于肩侧屈肘向上，掌心朝下；转身对2点方向，眼视1点方向，重心在右腿，左脚向体侧跨出一步，脚尖点地，再向右腿靠拢，屈膝，脚尖点地，右手扶胯，左手向肩侧伸直后落下扶胯。

第5～8拍：转身对8点方向，眼视1点方向，左腿在前，右腿在后并以脚尖点地，双手举过头顶，手背相对；右脚向前跨一步落在左脚前，双手于体下侧打开，翘手腕使掌心朝下；转身对2点方向，眼视1点方向，右腿在左腿前，双手举过头顶，手背相对；左脚向前跨一步落在右脚前，双手于体下侧打开，翘手腕，掌心朝下。

（四）第四个八拍

第1～4拍：转身对1点方向，右脚向体侧跨出一步，脚尖点地，两腿分开比肩宽，双手握半拳举过头顶，右脚向左后方退一步，脚尖点地，眼视7点方向，左手背于身后，右手胸前屈肘。反方向重复该动作。

第5～8拍：左脚向前跨一步落在右脚前，右腿前踢，双手随着腿部运动自由摆动；当右脚落在左脚前时，左脚踮脚跟，两脚成踏步，双手举过头顶，手背相对；第8拍，上身前屈，屈膝下蹲，双手指尖触地。

（五）第五个八拍

慢慢起身，重心在左腿，右腿屈膝，脚尖点地，身体随着右脚脚尖左、右的扭动分别向 8 点方向、1 点方向扭转，同时双手自由摆动。

（六）第六个八拍

第 1～4 拍：右腿在前，左腿在后，两脚成踏步，左手于肩前伸直，右手于肩侧伸直，两掌心向下；然后身体逆时针旋转 360°，回到准备姿势；右手打响指，左脚向前跨一步，然后左手打响指，右脚向前跨一步。

第 5～8 拍：右、左手先后举过头顶，手背相对，接着，右腿屈膝 90°提腿，双手握拳屈肘下拉；右脚着地的同时双手向肩两侧打开，掌心朝下，然后右手绕头一周的同时身体逆时针旋转 360°，回到准备姿势；两腿开立，双手握拳，左手胸前平端，右手肩前屈肘，随后双拳变掌落在大腿上。

（七）第七个八拍

第 1～4 拍：向右送肩，双手握半拳，然后身体回正，含胸，再向左送肩；右腿向体侧踢出，双手在肩两侧打开，掌心朝下。

第 5～8 拍：右脚落在左脚前，两腿屈膝，左脚脚尖点地，两脚成歇步，左手于体前伸直立掌，右手屈肘。小臂与左手臂相交，手背相对；头向右偏，向后送胯；头向左偏，右手搭在左手上，向左送胯；头回正，右腿屈膝 90°上提，右手放于臀部，左手举过头顶，掌心朝左。

（八）第八个八拍

第 1～4 拍：转身对 7 点方向，右脚落地，两腿成左弓步，右手握半拳屈肘于胸前，左手落于体侧。反方向重复该动作。

第 5～8 拍：转身对 1 点方向，眼视 7 点方向，右腿屈膝跪地，左腿屈膝落于右腿前，左手落于体侧，右手于胸前握拳屈肘；眼转视 1 点方向，左腿向体侧打开，左手举过头顶，掌心朝左，右手于体下侧伸直；左腿再移至右腿前，双手向体后方打开。

（九）第九个八拍

第 1～4 拍：以左腿为重心站立起来，然后转身对 2 点方向，眼视 1 点方向，重心移至右腿，左腿屈膝，脚尖点地。与此同时，双手从身后经体前举过头顶，手背相对。

第 5～8 拍：翘臀，再收臀。

（十）第十个八拍

第 1～4 拍：转身对 8 点方向，眼视 1 点方向，左、右两脚先后向前跨出一步，同时右、左手先后于体前屈肘伸出，双手交叉，左手在上，右手在下；转身对 1 点方向，上身扭向左边，左腿从身后移至体侧，两腿分开比肩略宽，右脚点地，左手在肩侧屈肘呈 90°，右手在体侧屈肘呈 90°，双手掌心朝上；上身扭向右边，左脚点地，右手在肩侧屈肘呈 90°，左手在体侧屈肘呈 90°，双手掌心朝上。

第 5～8 拍：身体逆时针方向旋转一周，首先身对 7 点方向，跟视 1 点方向，双手落于身体两侧，握半拳；上身扭对 1 点方向时，双手松拳，然后再转身对 7 点方向，眼视 5 点方向，双手扶胯；再转身对 3 点方向，右腿在左腿前，左脚点地，双手扶胯；再转身对 1 点方向，右腿在左腿前，右脚脚跟碰左脚脚尖。

（十一）第十一个八拍

第 1～2 拍：转身对 8 点方向，眼视 1 点方向，重心放在左腿上，右腿屈膝，膝盖对 1 点方向，脚尖点地，右手击打右胯；转身对 1 点方向，左腿在前，右腿在后，右手举过头顶，掌心朝前。

第 3～4 拍：右手落下，屈肘于胸前，手掌贴于左肩，接着左手做相同动作；两腿开立，双手向肩两侧打开，立掌，回到准备姿势。

第 5～8 拍：左腿向体侧打开后伸至右腿右后方，同时，左、右手轮流于肩侧伸直，立掌，另一只手则扶胯；重复该动作；然后转身对 7 点方向，重心在左腿，右腿屈膝，脚尖点地，膝盖对 6 点方向，左手置于身后，右手绕至后脑勺，然后落于腹部左侧，眼视 5 点方向。

（十二）第十二个八拍

第 1～2 拍：眼视 1 点方向，左手不动，右手在体下侧伸直，翻转手腕使心朝前；重心移至右腿，左腿屈膝，脚尖点地，右手于体侧向上屈肘，掌心朝上。

第 3～4 拍：眼视 7 点方向，重心在左腿，右腿屈膝，脚尖点地，右手在体侧向下屈肘，翻转手腕使掌心朝前；眼视 1 点方向，重心移至右腿，左腿屈膝，脚尖点地，右手于体侧向上屈肘，掌心朝上。

第 5～6 拍：同 3～4 拍。

第 7～8 拍：转身对 1 点方向，由左脚开始向前跨三步，同时摆手。跨左脚，右手放在身后，左手在体前握拳屈肘；跨右脚时左手在身后，右手在体前握拳屈肘。

（十三）第十三个八拍

第 1～2 拍：右脚向前跨一步落在左脚前，右、左手先后举过头顶，手背相对；右腿屈膝 90°提腿，双手握拳，屈肘下拉。

第 3～6 拍：当右脚在左脚前着地时，双手向肩两侧打开，掌心朝下；随着左脚向前跨一步落在右脚前，转身对 2 点方向，眼视 1 点方向，右手绕到后脑勺后，左手移至肩前；转身对 7 点方向，重心在左腿，右腿屈膝，脚尖点地，双手扶胯；转身对 1 点方向，两腿分开比肩宽，左手胸前平端，右手握拳屈肘落在左手手背上，两手呈 90°。

第 7～8 拍：两腿屈膝，双手落在大腿上，然后双手撑地做俯卧撑准备姿态。

(十四)第十四个八拍

做俯卧撑。

(十五)第十五个八拍

同第十四个八拍。

(十六)第十六个八拍

第1～4拍:两腿跪地,双手逆时针绕头顶一周,眼随手动。

第5～8拍:抬头,双手相握于头顶,上身后倾,双手落于两腿之上。

第三节　健身球操

一、健身球操基本动作教学

(一)适应性动作

1.坐球

对于健身球来说,坐球是对其进行熟悉的第一步。

先将健身球放在距离墙比较近的位置,两腿尽量分开坐在球的正上方,并保持臀部、肩部、耳朵在一条直线上,在达到上述要求之后,再将健身球远离墙壁进行坐球练习。

2.躺球

这一动作是许多臀部和胸部练习中常用到的动作,通过进行躺球练习可以对人的臀部、腿部和后背部进行有效的锻炼。

将两条腿尽可能地分开，并坐在球的正上方，慢慢将腿向前移动，球慢慢移到肩部，将臀部抬起同地面保持平行，头部和颈部在球上进行舒服地休息，感觉身体同地面平行。

3.跪球

这一动作是高级平衡的开始阶段，有效并自信地完成这一动作是促使高级平衡能力得以发展的前提。

站于球前，将两腿分开，轻轻地将两膝放在球上，并将两手放在球的上方，将球慢慢迁移直到两腿离开地面，并在球上保持足够长的时间。

（二）稳定性动作

1.屈伸肩带

同俯卧撑相同，将膝部放在球上，两手放在地面上，夹臂、头与脊柱保持水平，尽量将肩胛收缩。

2.伸展肩带肌

膝在球上，手在地面，动作有点像俯撑，臀部不要下垂；让头部与脊柱平行，让肩带骨尽量往远处伸。

3.背肌练习

将腹前部放在球上，手与脚分别放在地面上，使脚离地并保持平衡。

4.背部伸展

在球上进行俯卧，两脚脚尖着地，并将两腿尽量分开，两手分别放在体侧，将胸部抬起，离开球，并将手翻转使手掌心朝上，使肩胛骨尽量靠拢。

5.大腿根、臀的抬伸练习

平躺，将两脚放在球上，两手分别放在体侧，保持手心朝下，将臀部抬起，使脚、骨盆、肩部保持在一条直线上。

6.单腿稳定蹲坐

在与墙 1～2 米远处站立，将球放置在下背部与墙之间，将一条腿提起，并使大小腿之间的夹角成 90°，然后慢慢向下蹲，另一条腿直到同大腿同地面平行，将两手分别侧平举。

7.稳定蹲坐

距离墙 1～2 米，站立，转身背对墙，将球放在背部与墙之间，然后往下蹲一直到大腿同地面保持平行，膝盖对准脚尖方向，保持这一姿势，手要在体前伸展，不能放在大腿上。

二、健身球操组合动作教学

本组合共有 32 个 8 拍的动作。

预备动作：侧立，两手抱球于体前，面朝 7 点。

（一）组合动作一（4×8 拍）

1.第一个八拍

1～2 拍左右脚依次原地踏步，一拍一动，同时两臂抱球前平举。

3～4 拍脚同上，右转 90°，手还原。

5～8 拍脚同上，同时两臂上举，还原。

2.第二个八拍

1～4 拍左右脚依次原地踏步，同时两臂抱球依次于左侧平举，之后还原，向右侧平举，之后还原，一拍一动。

5～8拍左右脚依次原地踏步，同时两臂抱球从左侧开始绕环一周。

3.第三个八拍

1～4拍左脚向侧点地，还原，同时两臂抱球于右斜上方举，还原，二拍一动。

5～8拍左脚向侧并步跳，同时两臂抱球从右侧开始绕还一周。

7～8拍右脚并左脚。

4.第四个八拍

同第三八拍，方向相反。

（二）组合动作二（8×8拍）

1.第一个八拍

1～2拍两手持球放于地上。

3～4拍左手拨球滚至身后，球贴近身体。

5～8拍左脚向侧迈一步呈马步，坐于球上，二拍一动。

2.第二个八拍

1～8拍左右手臂依次从体侧至上举，之后还原，二拍一动。

3.第三个八拍

1～4拍左脚伸直侧点地，左臂上举，右手扶腿，向右稍侧屈，还原。

5～8拍同1～4拍，方向相反。

4.第四个八拍

1～8拍左右脚依次提踵，同时左右肩依次提肩，二拍一动。

5.第五个八拍

1～8 拍两脚同时提踵，同时双肩同时向上提肩，二拍一动。

6.第六个八拍

1～8 拍含胸时两臂胸前交叉，展胸时两手臂向后振臂，手心向上。

7.第七个八拍

1～4 拍向左右依次撅臀，同时带动球滚动，两臂侧平举。

5～8 拍臀部从右往左绕还一周，同时带动球滚动，两臂从前开始往后绕还。

8.第八个八拍

同第七八拍，方向相反。

（三）组合动作三（5×8 拍）

1.第一个八拍

1～8 拍坐于球上，向左慢慢移动身体。面向 7 点。

2.第二个八拍

1～2 拍两臂于体后侧触球。

3～4 拍伸直两腿。

5～8 拍两手于体侧撑地，同时身体后倒，躺于球上，控制平衡。

3.第三个八拍

1～8 拍左腿慢慢地向上抬起，之后还原，四拍一动。

4.第四个八拍

同第二八拍，方向相反。

5.第五个八拍

1～4 拍两腿屈膝半蹲，带动球往前移动，球贴于后背，同时两手臂胸前竖屈。

5～8 拍两腿伸直，带动球往后移动，躺于球上，同时两手臂侧平举。

(四)组合动作四(5×8 拍)

1.第一个八拍

1～2 拍两手于体侧扶球。
3～4 拍两腿收回呈马步，同时身体慢慢抬起。
5～6 拍身体立直。
7～8 拍坐于球上。

2.第二个八拍

1～4 拍左腿前抬，同时右臂前平举，还原，二拍一动。
5～8 拍同 1～4 拍，方向相反。

3.第三个八拍

1～4 拍左腿侧抬，还原。
5～8 拍同 1～4 拍，方向相反。

4.第四个八拍

1～8 拍坐于球上慢慢向右移动身体，右转 90°。面向 1 点。

5.第五个八拍

1～2 拍直立。

3～4 拍坐脚并右脚，左手扶球。

5～6 拍半蹲，用左手拨球滚至体前。

7～8 拍两臂抱球，立直。

（五）组合动作五（8×8 拍）

1.第一个八拍

1～4 拍向前走 4 步同时慢慢降低身体重心，同时两手臂抱球从腹前慢慢上举。

5～6 拍同 1～4 拍，方向相反。

2.第二个八拍

1～8 拍左右脚依次向侧迈出一步，呈马步，两手臂抱球侧举，二拍一动。

3.第三、四个八拍

同第一、二个八拍。

4.第五个八拍

1～4 拍左脚向侧迈出一步同时向后顶髋，右脚并左脚，同时两手抱球左侧前举，之后收回于体侧，一拍一动。

5～8 拍左右脚依次原地做登山步，同时两手臂抱球依次左右侧斜下举。

1～4 拍面向 7 点，5～8 拍面向 1 点。

5.第六个八拍

同第五个八拍，方向相反。

6.第七个八拍

1～4 拍右脚向左斜 45°方向行进间侧摆腿跳 2 次，同时两手臂抱球于侧上举，还原，一拍一动。

5～8 拍左右脚依次原地的登山步，同时两手臂抱球依次左右侧斜下举，二拍一动。

1～4 拍面向 8 点，5～8 拍面向 1 点。

7.第八个八拍

同第七个八拍，方向相反。

（六）组合动作六（2×8 拍）

1.第一个八拍

1～2 拍左脚向后侧一步成右弓步，同时，两手臂抱球前上举。
3～4 拍左脚并右脚，同时两手臂抱球于腹前。
5～8 拍并腿半蹲，两手臂持球头上举，之后收回。
(4)1～2 拍面向 3 点，3～4 拍面向 1 点。

2.第二个八拍

同第一个八拍，方向相反。

第四节　健身绳操

一、健身绳操基本动作教学

（一）摆动

用两手或单手将绳头握住，以肩为轴心进行前后或者左右摆动绳。在摆动绳时，肩部保持放松，力量要均匀，以控制绳形不变。

（二）绕环

双手或单手握绳头，以肩或肘、腕为轴在身体各个面上做各种绕环。在做绕环动作时，注意绕环面要准确，绳不能触及身体。

（三）跳绳

跳绳主要有双脚跳、单脚跳、高抬腿跳等。可做单摇、双摇、交叉摇等。跳绳时，需要两臂自然伸直，以手腕为轴摇绳，跳起时要轻松有弹性，落地应有缓冲。

单摇跳是最为简单、最为基本的一种技术，它是指摇绳一个回环、跳跃一次。主要包括单摇双脚跳、单摇交叉跳、单摇双脚交换跳等。

双摇跳是跳绳中动作相对较为复杂的一种技术方法，又称为“两摇跳”，也就是说跳跃一次，摇绳绕身两个回环。主要包括双摇双脚跳、双摇单脚跳、双摇双脚交替跳等。

二、健身绳操组合动作教学

（一）预备姿势

双手持四折绳于体前直立（以下所有动作以先出右脚为例）。

（二）第一个 8 拍

1～2 拍：右脚向右做并步同时两臂前平举并还原。

3～4 拍：左脚向左做并步同时左臂前上举，右臂前下举持绳并还原。

5～6 拍：右脚向右做并步同时两臂经上举至肩侧屈。

7～8 拍：左脚向左做并步同时两臂经上举并还原。

（三）第二个 8 拍

1～2 拍：右脚向右前方向迈出 1 步，左脚后脚尖点地，同时两臂上举。

3～4 拍：左腿并于右腿同时两臂向后绕至下举。

5～8 拍：动作同 1～4，但前后、左右相反。

（四）第三个 8 拍

1～2 拍：右脚向右侧 1 步并向右移重心，同时两手分别持绳头向右摆动绳。

3～4 拍：动作同 1～2，左右相反。

5～8 拍：右脚向右侧变换步同时两臂向右经上、左至右绕环一周。

（五）第四个 8 拍

1～4 拍：右脚开始跑跳步同时左手握双折绳头（两个头），右手握绳中段在体侧以右手腕为轴做向前的小绕环。

5～8 拍：下肢动作同上，同时左手于右胸前，右臂上举以右手腕为轴做水平小绕环。

（六）第五个 8 拍

1～4 拍：右腿、左腿依次向前弹踢，同时两手分别握绳头做体侧“8”字绕环。

5～8 拍：后屈腿跳同时做 4 次体侧“8”字绕环。

（七）第六个 8 拍

1～4 拍：高抬腿前摇跳。

5～8 拍：后屈腿前摇跳。

（八）第七个 8 拍

1～4 拍：高抬腿交叉前摇跳。

5～8 拍：后屈腿交叉前摇跳。

(九)第八个8拍

1～8拍:同第五个8拍1～4。

(十)第九个8拍

1～4拍:右脚向前走4步,同时左手于右腰间,右臂上举以肘为轴绕绳(绳缠身)。

5～8拍:右脚向后退4步,同时左手于右腰间,右臂上举以肘为轴绕绳(放绳)。

(十一)第十个8拍

1～4拍:左脚开始向左走4步同时转体360°,两手握绳,头上摆动一周。

5～8拍:右脚开始向右走4步同时转体360°,右手握双绳头,左手握在绳中段将绳四折还原至预备姿势。

参考文献

[1]赵晓玲，马煜澄，蒋嘉陵.健美操教程[M].重庆：重庆大学出版社，2017.

[2]张小妮.高校健美操课程教学现状与教改对策研究[J].当代体育科技，2017(09).

[3]庞亚俊.陕西省高校健美操课程教学现状与教改对策的研究[D].陕西师范大学，2005.

[4]吴亚娟.大学健美操教程[M].西安：西北工业大学出版社，2009.

[5]张岚，田颖华.健身健美操教程[M].武汉：华中科技大学出版社，2009.

[6]黄玲，朱晓娜.动感艺术健美操[M].北京：海洋出版社，2009.

[7]陈更昌，朱颂模.浅析健美操教学中音乐与表现力的互动关系[J].东华理工学院学报(社会科学版)，2006(03).

[8]朱晓龙，李立群.健美操[M].杭州：浙江大学出版社，2014.

[9]张虹.健美操[M].北京：北京师范大学出版社，2008.

[10]葛柳.高校健美操教学中渗透人文素质教育的研究[D].湖南师范大学，2012.

[11]李玉玲，周祖宝，王家顺.健美操实用技法解析[M].北京：中国商务出版社，2008.

[12]王洪.竞技健美操训练方法[M].北京：人民体育出版社，2009.

[13]方熙嫦.健美操[M].福州：福建科学技术出版社，2015.

[14]胡良玉，王泽刚.健身健美操实用教程[M].北京：北京理工大学出版社，2014.

[15]邓晞翎，邓艳香.健身健美操[M].桂林：广西师范大学出版社，2013.

[16]史正义，李霞.健身健美操教程[M].天津：南开大学出版社，2012.

[17]赵亚娜，刘美云，杜美.高校健美操训练理论与方法研究[M].北京：中国书籍出版社，2013.

[18]马鸿韬.健美操创编理论与实践[M].北京：高等教育出版社，2004.

[19]颜飞卫.大学健美操、体育舞蹈、排舞教程[M].北京：北京师范大学出版社，2012.

[20]方熙嫦.街舞[M].福州：福建科学技术出版社，2015.

[21]陈学文.形体训练教程[M].重庆：重庆大学出版社，2010.

[22]郭文斌.瑜伽[M].上海：上海文艺出版社，2012.

[23]姜桂萍.瑜伽[M].北京：高等教育出版社，2009.

[24]李德玉，胡素霞.健美操[M].北京：化学工业出版社，2012.

[25]吴晓亮，吴璐岑，梁云云.形体与体育舞蹈[M].长沙：湖南大学出版社，2013.

[26]黄小红，刘正杰，董丽波.高校健美操运动的发展与创新[M].长春：吉林大学出版社，2012.

[27]王文文，王庆宇，罗丽娜.健美操价值的魅力解读[M].长春：吉林大学出版社，2015.

[28]《健美操运动教程》编写组.健美操运动教程[M].北京：北京体育大学出版社，2014.

[29]王莉.健美操运动健身与训练[M].长春：吉林大学出版社，2014.

[30]文岩.健美操教程(第2版)[M].上海：复旦大学出版社，2014.